축구를 사랑하는 사람들에게

볼수록 만만한 리얼 축구

볼수록 만만한 리얼 축구

2010년 06월 30일 초판 1쇄 발행
2014년 10월 27일 초판 4쇄 발행

글 | 김윤정
그림 | (주)형설이엠제이
펴낸이 | 장진혁
편집주간 | 이경자
편집진행 | 최수환, 신수연, 김혜란, 지승민, 최지윤, 김효진, 장미나
디자인 | 박혜옥, 김보경, 이정아
영업 | 황승주, 이광호, 송상영, 최지환, 이병철
제작 | 류완규, 서재동
마케팅 | 정종민, 백승남, 이대현, 김예진, 김민경
펴낸곳 | 형설라이프
주소 | 경기도 파주시 회동길 37-23
전화 | (031) 955-2336, 2351, 2361
팩스 | (031) 955-2341
등록 | 101-90-79500
홈페이지 | www.hslife.co.kr

ISBN 978-89-92984-79-9 03690

볼수록 만만한

리얼 축구

글 김윤정 그림 (주)형설이엠제이

형설Life

preface

"대~한민국! 대~한민국!"

축구를 떠올리면 어디선가 이런 함성이 들려오는 듯 하지 않나요? 붉은 옷을 입은 열정적인 관중들이 다 함께 입을 모아 외치는 승리의 함성 말이에요.

축구는 한시도 눈을 뗄 수 없는 박진감 넘치는 스포츠예요. 순식간에 공격이 이루어지고, 그러다가 어느새 공수가 바뀌어 수비를 하던 팀의 반격이 펼쳐지지요. 그래서 보는 내내 흥분과 긴장감을 감출 수 없어요.

축구는 신나고 재미있는 스포츠이지만, 의외로 경기 규칙은 단순해요. 몇 가지만 알아도 큰 어려움 없이 경기를 즐길 수 있지요. 그 몇 가지를 알지 못해 반쪽짜리 재미를 즐길 건가요, 아니면 그 몇 가지를 알고 축구의 재미를 만끽할 건가요? 두말하면 잔소리죠. 당연히 후자를 선택해야죠.

이 책은 축구 초보자를 위한 축구 해설서입니다. 초보를 위한 책답게 가장 기초적인 경기 규칙과 용어들을 담고 있지요. 하지만 초보자용이라고 쉽게 생각하는 것은 금물! 이 책에 나와 있는 내용만 알아도

축구 해설자 부럽지 않은 지식을 갖출 수 있을 거라 믿어요. 무조건 많이 아는 것보다 경기에 큰 영향을 미치는 몇 가지 중요한 규칙을 제대로 아는 것이 중요하니까요.

이 정도 축구 상식을 갖추고 나면 여러분에게 멋진 이벤트가 자주 찾아올 거예요. 당장 우리나라 프로축구리그인 K리그부터 시작해 해외에서 활약 중인 선수들의 경기를 만끽할 수 있을 거에요. 그뿐인 줄 아세요? 아시안컵과 월드컵이 각각 4년마다 한 번씩 열리고, FIFA 컨페더레이션스컵도 4년마다 한 번씩 열려 세계 축구팬들을 열광시키지요. 올림픽과 아시안게임에서 치러지는 축구 경기도 결코 놓칠 수 없답니다.

자, 그럼 축구가 선사하는 열광의 도가니에 빠질 준비가 됐나요? 준비가 된 사람은 첫 페이지를 넘겨도 좋습니다.

김 윤 정

contents

아빠가 알려 주는 축구 관람 에티켓

선수들의 빠른 움직임과 환상적인 개인기, 그리고 통쾌한 슛까지……. 축구는 그야말로 우리들의 오감을 만족시키는 최고의 스포츠예요. 그런데 그것 아세요? 선수들의 기량만큼이나 관중들의 관람 문화도 재미있는 경기를 만드는데 엄청난 영향을 끼친다는 사실 말이에요.

축구는 선수와 관중이 함께 만들어 가는 스포츠예요. 한번 생각해 보세요. 응원하는 관중이 없다면 축구 선수들이 경기를 하는 게 얼마나 재미없겠어요? 신이 나지도 않을뿐더러 더 잘하기 위해 노력할 맛도 나지 않을 거예요. 함께 응원하는 관중이 있어야 선수들은 더욱 실력을 발휘할 수 있고 지쳐도 계속 힘을 낼 수 있어요. 물론 경기에서 승리를 거뒀을 때도 함께 기뻐해 주는 관중들이 있어야 그 기쁨이 2배, 3배가 되겠지요. 그렇다면 재미있는 축구 경기를 위해 관중이 할 수 있는 일은 무엇이 있을까요?

★무엇보다 중요한 것은 온 마음을 다해 열정적으로 응원하는 거예요.

한 사람 한 사람의 목소리가 모여 엄청난 함성을 만들어 내니까요. 선수들을 분발하게 만드는 건 바로 관중들의 우렁찬 응원 소리랍니다.

★응원의 목소리는 선수들이 실수했을 때나 경기가 잘 풀리지 않을 때도 필요하답니다.

어떤 팬들은 선수들이 잘할 때는 신나게 응원하다가 못할 때는 금세 선수들을 비하하거나 욕설을 하는데, 이것은 선수들을 좌절시키거나 흥분시키기 때문에 결코 득이 될 게 없어요. 만약 응원하는 팀이 패배했다면, 선수들을 비난하기

보다는 격려하면서 다음 경기에서 승리하기를 기원하는 게 진정한 팬의 모습이지요.

★경기장으로 이물질을 던지는 것도 절대 해선 안 되는 행동이에요.
가끔 화풀이 삼아 물건을 경기장으로 던지는 사람들이 있는데, 이것 또한 선수들의 기운을 빼는 일일 뿐 아니라 다른 사람들을 다치게 할 수도 있는 위험한 일이라는 것을 명심하세요.

★간혹 경기를 더욱 즐겁게 관람하기 위해 맥주 등 술을 챙겨 오는 사람이 있어요. 하지만 술을 마시다 보면 감정이 격해져서 거친 말과 행동을 할 수 있으니 마시지 않는 것이 좋아요. 아니, 아예 술은 경기장에 가져오지 않도록 해요. 담배도 가져오지 않는 게 좋아요. 담배 연기로 인해 다른 관중들에게 불쾌감을 줄 수 있으니까요.

★쓰레기 문제도 아주 중요해요.
재미있게 축구 경기를 관람한 뒤 아무 생각 없이 경기장을 떠나는 사람들이 있어요. 사람들이 떠난 경기장은 그야말로 쓰레기장이 따로 없지요. 군것질을 하고 슬쩍 버린 쓰레기들이며, 쓰고 버린 응원도구들이 흩어져 있어 보기가 아주 안 좋아요. 물론 청소를 하는 사람들이 있기는 하지만 자기가 버린 쓰레기는 자기가 처리하는 관람 문화를 확립해야 해요. 2002년 한일 월드컵 때 붉은악마가 외국인들에게 놀라움을 샀던 건 열광적인 응원 때문이기도 했지만, 응원이 끝난 뒤 모두 모여 쓰레기를 깨끗이 처리했던 올바른 질서 의식 때문이었대요.

★선수들의 화려한 플레이와 관중들의 성숙한 질서 의식이 모여 최고의 축구 경기를 만들어 낸다는 것 잊지 마세요. 여기에 한 가지만 더 추가하면 금상첨화지요. 바로 심판들의 공정한 판단 말이에요.

와
대~한민국!
와아
대~한민국!
와

와
와
황금 같은 주말에
이게 무슨 일이람?
숙제가 산더미인데…
와
아빠, 축구 끝나자마자
바로 마트에 가서
게임기 사주셔야 해요.
축구장에 함께 오면
인라인 새로
사 주시겠다던 약속
잊지 않으셨죠?
와
알았다, 알았어.
남들은 보고 싶어도
못 보는 경기야.
그러니까 즐겁게 보아라.
와
와
…
와

우리 선수들, 오늘
컨디션 좋아 보입니다.
김영수 선수의
무릎 부상이 조금 아쉽지만,
정승민 선수가 그 자리를 잘
메워 줄 것으로 기대하고
있습니다.
와
와
빽!
와
관중의 열기가
대단한 가운데,
대한민국의 킥오프로
경기 시작합니다.
대~한민국!
대~한민국!
대~한민국!
최영규 선수,
패스할 곳이
여의치 않습니다.
최영규 선수의
예리한 패스!
아주 좋습니다.
다다다
뻐
엉

골인!
선제점을 뽑습니다.
출렁
와
와
그런데 부심의 깃발이
올라가 있네요.
오프사이드가
선언되는군요.
에이, 뭐야?
좋다 말았네.
우우우
좀 애매한 판정이기는
하지만, 빨리 잊고 수비에
집중해야 합니다.
일본의 스위퍼
스즈키 선수는 시야가
아주 넓습니다.
타앗
패스도 좋으니
주의해야 합니다.

아빠, 골인됐는데
왜 점수가 안 올라가요?
와
그러게 말이다.
전광판이
고장 났나 보다.
그럼 얼른 고쳐야죠.
이렇게 중요한 시합에서
전광판이 고장 난다는 게
말이 돼요?
농담이다, 농담.
와
오프사이드가 선언되었어.
그래서 득점이
무효가 된 거지.
와
오프사이드?

오프사이드란…
와
와
와
투웅
이승렬 선수의
단독 드리블!
김승원 선수의 센터링을
중앙 공격수 이승렬이
받았습니다.
와
와
슛!
타앗

일본 수비수가 태클로 차단합니다.
삐!
터억
주심이 일본 수비수 이시카와에게 경고를 주는군요.
태클이 깊었지요.
그래도 일본으로서는 다행입니다.
저게 뚫렸으면 바로 실점이지요.
좋은 위치에서 프리킥을 얻습니다.
와
왜 다들 저기 모여 있지?
지금 게임은 안 뛰고 뭐 하는 거야?
지금은 프리킥…

프리킥으로
한 점 따자!
와
이승렬 선수가
프리킥을 차야지!
와
대한민국 파이팅!
아빠! 아까도 그렇고
왜 자꾸 설명해 주시려다가
마는 거예요?
와
게임에서 눈을 뗄 수가
있어야지. 설명은
나중에 해 주마.
와
대~한민국!
와
와

누가 찰까요?
최영규 선수, 이승렬 선수, 모두 프리킥이 좋습니다.
최영규 선수가 차나요?
타앗
승리의 함
이승렬 선수가 찹니다!
투웅
타앙
아쉽네요. 골대를 맞고 넘어갑니다.
절묘한 프리킥이었는데요.
와
Reds
에이, 너무 아깝다!
골인인 줄 알았는데…….

아쉽지?
네!
너무 아까워요.
그게 바로 축구의
매력이지.
그러고 보니 아주
조금 재미있는 것
같긴 해요.
골키퍼의 골킥!
뻐엉
멀리 날아가네요.
하종환 선수가
받습니다.
대한민국 공격!
상대방의 허를
찌르는 빠른
공격이 필요해요.
타앗
두웅
패스가 좀
짧은데요.
일본의 역습!
팟
얼른 수비 위치를
가다듬어야 합니다.

투웅
패스 좋습니다.
야마다 선수,
단독 찬스!
아, 위기입니다.
팡
파앗
골키퍼 김용성 선수,
정말 대단합니다.
수비수
윤현우 선수의
마무리도 아주
좋았습니다.
뻐엉
와
와
와
에휴~
다행이다.
한 골 먹는 줄
알았어.

일본의 스로인 공격!
휘익
네, 좋습니다. 우리 선수들, 오늘 수비 아주 좋네요.
바짝 붙어야지요. 공이 공격수에게 쉽게 넘어가도록 하면 안 됩니다.
정승민 선수에게 공이 갔지요?
센터링도 아주 좋습니다.
퉁
정승민 선수, 요즘 볼 감각이 아주 좋아요.
다다다
위기 뒤에 기회가 오네요.
네, 아주 좋은 기회인데요.
타앗

앗! 저런 태클은
아주 무모하지요?
저런 비신사적인
태클은 퇴장감인데요.
주심이 어떤
판단을 내릴지 기다려
보겠습니다.
촤아악
빙글
부상을 당한
모양인데요.
역시 나카지마
선수에게 퇴장을
선언하네요.
당연한 결과입니다.
파앗
정승민 선수, 무릎
부상으로 그동안
고생 많이 했는데
걱정입니다.
심각한 부상이
아니어야 하는데요.

결국, 들것에 실려
나가는군요.
아, 정말
안타깝습니다.
정승민! 정승민!
정말 비겁해!
실력으로 정정당당하게
승부를 겨뤄야지!
그런 태클은
너무 심하잖아!
우우우

이번에는 한 골 넣었으면 하는데요.
와
와
네, 한 골 기대해 보겠습니다.
이번에는 주장 김승원 선수도 보이네요.
아주 노련한 선수죠.
삑!
투웅

슈웅
팟
골~인!
골인입니다!

출렁
와
와
와
와
아빠, 축구 정말 끝내줘요.
최고예요!
축구 경기가 이렇게 짜릿하고 흥미진진한지 정말 몰랐어요.
정말 최고예요, 최고!
와
와

와
우리 선수들,
골의 기쁨을
만끽하고 있습니다.
와
선수들과 관중이
하나가 되어
기뻐하고 있습니다.
와
대~한민국!
대~한민국!
와
와
와
대~한민국!

이제 전반전 얼마
남지 않았습니다.
와!
전반전
끝났습니다.
삐익!
1:0으로 대한민국이
1점 앞서 나갑니다.
와
와
Reds
KOREA
우리 선수들
전반전 경기
아주 좋았습니다.
와
대한민국
축구 선수 최고다!
와!

쉬는 시간은 얼마나 돼요?
전반전과 후반전 사이에 15분간의 하프타임이 있단다.
15분을 어떻게 기다려요.
그러게 말이야. 1분이 1시간 같아.
이 녀석들, 언제부터 축구를 좋아했다고.
오늘부터요!
그것도 아주 많이요.
그런데 아빠, 아까 오프사이드나 프리킥이 뭐예요?
경기 끝나고 집으로 가면서 축구에 대해 제대로 가르쳐 주마.
정말이요?
꼭 약속해요!

후반전이
시작되었습니다.
정승민 선수의 모습이
보이네요. 큰 부상이
아니어서 다행입니다.
와
1:0으로 앞서는데도
적극적으로 공격합니다.
와
앞서고 있는 상태에서 수비 위주의
경기를 펼칠 수도 있지만, 우리 선수들
경기 정말 재미있게 풀어나갑니다.
정승민 선수,
찬스입니다!
투웅
골라인 아웃!
코너킥입니다.
파앗

수비수인 임민재
선수가 코너킥
위치에 섰습니다.
와
찼습니다.
이승렬 선수를 향해
공이 날아옵니다.
타앗
이승렬 선수,
헤딩을 시도합니다.
팡
2:0이 됩니다.
출렁
관중들
열광합니다.
와
와
오늘 축구의 묘미를
만끽하고 있습니다.

텅
당황한 일본 선수들,
실수를 연발하는군요.
팡
핸들링 반칙!
일본 선수들
전의를 상실한 것
같네요.
팟
와
와
투웅
패스가 좀
짧았네요.
전술에 약간 변화가
있네요. 수비가 많이
강화되었습니다.

우리 수비수들은 역대 최강입니다.
철벽 수비를 자랑하지요.
팡
슛!
파앗
역시 골키퍼 김용성 선수, 듬직합니다.
나는 저 골키퍼가 정말 마음에 들어. 완전히 내 스타일이야.
KOREA
또 그 스타일 타령 나왔네.
와
나는 저 선수가 멋지더라. 화끈한 공격 축구, 정말 마음에 들어.

미드필더진에 약간 변화를 주는데요. 라이트 윙백 김지운 선수를 빼고 이준호 선수가 들어갑니다.
앞서고 있는데, 굳이 무리하게 공격을 시도할 필요는 없겠지요.
수비를 강화하겠다는 감독의 의지가 보입니다.
네, 맞습니다. 적당한 시기에 알맞은 선수 교체입니다.
삐~삐익!
와
경기 끝났습니다!
와
정말 멋진 경기였습니다.

황금 같은 주말을 아빠의 욕심 때문에 축구장에서 보내게 해서 미안하구나.
이렇게 재미있을 줄 꿈에도 몰랐어요.
아니에요, 정말 최고의 주말이었어요.
그렇게 얘기해 주니 고맙구나.
아니에요, 정말이에요.
진심이에요.
그럼 가끔 아빠랑 같이 축구장에 오자꾸나.
아니요, 자주 와요.
축구에 대해 가르쳐 주시겠다는 약속도 잊지 마시고요.
그래, 알았다. 알았어.

1

경기장의 모습과 선수 구성

아주 특별한 아빠의 과거

일기예보에서 본 대로 날씨가 참 맑은 날이었다. 브라보와 바비는 아빠와 함께 어느 한적한 초등학교 운동장을 둘러보고 있었다.

"아빠, 그런데 여기는 왜 오셨어요?"

"맞아요. 오늘부터 축구에 대해 알려 주신다고 하셨잖아요."

흐뭇한 얼굴로 학교 여기저기를 둘러보던 아빠가 브라보와 바비를 돌아보며 말했다.

"알고 있단다. 축구 이야기를 시작하기 위해 여기에 온 거야."

브라보와 바비가 영문을 알 수 없다는 듯이 눈을 동그랗게 떴다.

"축구와 학교?"

"그 둘이 무슨 상관이에요?"

브라보와 바비의 질문에 아빠는 그저 웃기만 했다.

"혹시 박지성 선수가 졸업한 학교라도 되나?"

"아니면 박주영 선수와 관련 있는 학교인가?"

아빠는 이번에도 고개만 절레절레 저었다.

"아빠, 도대체 여기 온 이유가 뭐예요? 정말 궁금해 죽겠어요."

브라보가 참지 못하고 소리를 빽 질렀다.

"아빠 정말 이러기예요? 제발 알려 주세요."

바비가 애교 작전을 펴자 아빠가 입을 열었다.

"박지성 선수가 졸업한 학교는 아니더라도, 축구를 무척 사랑한 어느 축구 꿈나무가 다녔던 학교란다."

"혹시……."

브라보와 바비의 눈길이 서로 마주쳤다. 그러고는 동시에 함성을 터트렸다.

"아빠?"

아빠는 껄껄껄 웃으며 고개를 끄덕였다. 브라보와 바비는 그동안 알지 못했던 아빠의 과거에 깜짝 놀랐다.

"아빠가 축구 꿈나무였다고요?"

"그래, 이 운동장에서 우리나라 최고의 축구 선수를 꿈꾸며 열심히 훈련했었지."

"그런데 왜 축구 선수가 안 되신 거예요?"

"6학년 때 경기 중에 넘어지면서 다리를 접질려 많이 다쳤단다. 그때 너희 할아버지, 할머니가 많이 놀라셔서 축구 선수가 되는 것을 반대하셨지."

"그럼 할아버지, 할머니의 반대 때문에 축구를 그만두신 거예요?"

아빠는 힘들었던 과거가 떠오르는지 한숨을 길게 내쉬었다.

"꼭 그것 때문은 아니란다. 부상 후유증도 있었고……. 중학교 진학 문제와도 맞물려 포기하게 된 거지."

"많이 속상하셨겠어요."

바비가 슬픈 얼굴로 말했다.

"그래서 아빠가 축구에 대해 남다른 애정을 가지고 계셨던 거로군요."

브라보도 안타까운 기색이었다.

"괜찮아. 꼭 축구 선수가 되어야만 축구를 사랑할 수 있는 건 아니니까. 이렇게 열정이 가득한 축구 팬이 되어서 축구 선수들을 응원하는 맛도 아주 짜릿하단다."

아빠의 얼굴이 다시 환해졌다. 브라보와 바비도 덩달아 미소를 지었다.

"자, 그럼 시작할까?"

"네! 우리도 아빠처럼 열정적인 축구 팬이 될 수 있도록 도와주세요."

바비가 한쪽 눈을 찡긋해 보이며 말했다. 아빠도 한쪽 눈을 찡긋하며 바비의 볼을 살짝 꼬집었다.

"알겠습니다, 우리 공주님."

아빠는 브라보와 바비를 데리고 운동장으로 갔다. 햇볕이 강하게 내리쬐고 있었지만, 시원한 바람이 솔솔 불어와 덥지는 않았다. 아빠는 작은 나뭇가지를 줍더니 운동장에 털썩 주저앉았다.

"아빠, 어른인데 체면 없이 그렇게 앉아도 돼요?"

브라보가 주위를 둘러보며 말했다.

"어른이라고 땅바닥에 주저앉지 말라는 법 있니?"

"그래도……."

"마땅한 종이를 준비해 오지 않아 바닥에 그리면서 설명하려고 하니 너희도 이리 와서 앉아라."

바비가 먼저 폴짝폴짝 뛰어가서 아빠 옆에 자리를 잡고 앉았다. 그러자 브라보도 아빠 옆에 털썩 주저앉았다. 아빠는 운동장에 네모 모양을 그리고 있었다.

"자, 이게 축구장이다."

브라보와 바비는 아빠가 운동장에 공들여 그리는 축구장 그림

을 유심히 쳐다봤다.

"축구장의 길이는 최소 90m에서 최대 120m란다. 국제 경기에서는 최소 100m에서 최대 110m 사이가 되어야 하지. 표준 길이는 105m야."

"축구장 길이라면 사각형 경기장의 긴 쪽을 말하는 거지요?"

브라보가 얼른 끼어들었다. 아빠는 브라보의 머리를 쓰다듬어 주었다.

"그렇지. 경기장의 폭은 45m에서 90m 사이가 되어야 하는데, 국제 경기에서는 64m에서 75m 사이여야 한단다. 표준 길이는 68m라고 생각하면 돼."

"경기가 크기가 딱 정해져 있는 줄 알았는데, 약간 변동이 있어도 상관없군요."

이번에는 바비가 끼어들었다. 바비는 아빠의 설명을 잊어버리지 않으려는 듯 아빠가 그린 그림을 따라 그리고 있었다.

"두 개의 긴 선과 두 개의 짧은 선으로 경기장이 이루어지겠지? 두 개의 긴 선은 터치라인이라고 하고, 두 개의 짧은 선은 골라인이라고 한단다. 가운데 있는 선은 하프라인, 또는 중앙선이라고도 하지."

브라보와 바비가 고개를 끄덕였다.

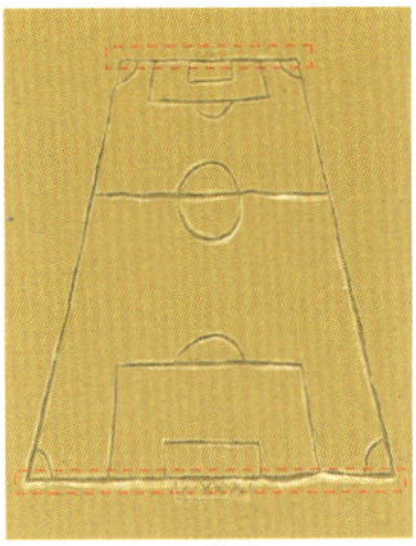

골라인

터치라인

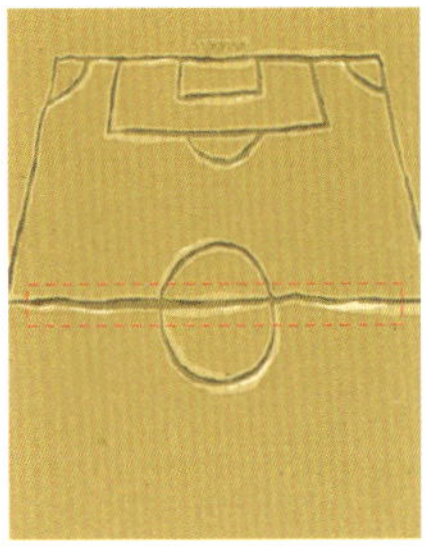

하프라인

"양쪽 끝에 있는 것을 골포스트라고 하는 건 알지?"

"네, 아빠. 골포스트에 골을 넣어야 점수가 올라가잖아요."

"옳지, 바비가 잘 아는구나. 골포스트 바로 앞에 네모 모양으로 그려져 있는 곳은 골에어리어라고 해. 이 지역에서 공격수와 골키퍼가 충돌한다면 골키퍼에게 유리한 판단이 내려지지. 한마디로 골키퍼에게 많은 어드밴티지가 주어지는 공간이야. 골에어리어에서 공격팀이 간접프리킥을 얻게 되면, 상대편이 위반을 한 곳에서 가장 가까운 골라인을 마주보는 골에어리어 선상에서 킥을 하게 돼."

그때 브라보가 얼른 아빠가 들고 있던 나무 막대기를 빼앗아 들더니 바닥에 그림을 그리기 시작했다.

"여기, 골에어리어 바깥쪽에 있는 네모난 구역을 페널티에어리어라고 하지요? 이곳

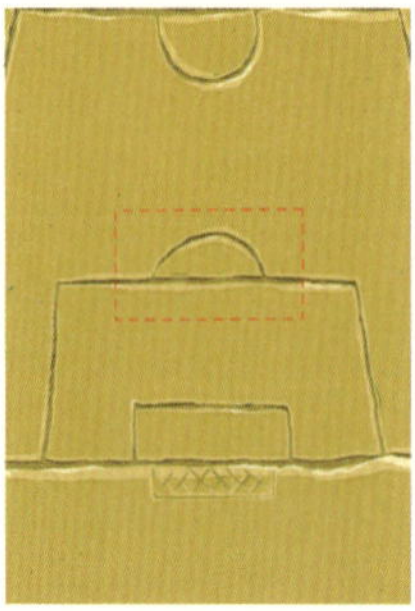

에서 수비수가 반칙을 하면 공격팀에게 페널티킥을 주잖아요."

그러자 아빠가 다시 나무 막대기를 들더니 페널티에어리어 바깥쪽에 둥근 선을 그리기 시작했다.

"그럼 여기는 무엇이라고 부를까?"

"……."

브라보가 난처한 표정으로 고민에 빠졌다. 어디를 가리키는지는 알겠는데, 그곳을 뭐라고 부르는지는 기억나지 않았던 것이다.

"혹시 바비는 아니?"

"……."

바비 역시 아무 말도 하지 못했다.

"하하하. 이곳은 아크서클이라고 해. 아크서클의 역할에 대해서는 나중에 페널티킥에 대해 알려 줄 때 자세히 말해 주마."

이번에는 아빠가 경기장의 모서리에 1/4원을 그리기 시작했다.

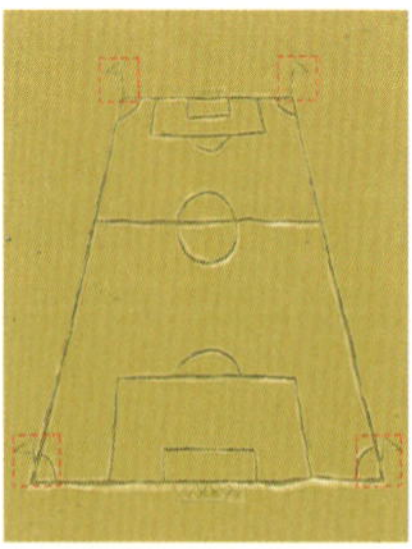

"경기장 각 코너에 그려져 있는 지름 1m짜리 1/4원은 코너아크라고 불러. 코너킥이 시작되는 곳이 바로 여기지. 코너플래그가

있는 곳도 여기야."

"코너플래그가 뭐예요?"

브라보가 고개를 갸우뚱했다. 그러자 바비가 브라보의 머리를 한 대 쥐어박았다.

"그것도 몰라? 플래그는 깃발이라는 뜻이잖아. 코너플래그는 구석에 있는 깃발이라는 뜻이야."

"아, 경기장 구석에 세워져 있는 깃발을 말하는 거구나."

브라보가 머리를 긁적이며 배시시 웃었다.

"자, 그럼 경기장 가운데를 볼까? 하프라인을 중심으로 지름 9.15m짜리 원이 하나 있는데, 이것은 센터서클이라고 해. 가운데니까 센터! 어때, 쉽지?"

"네!"

브라보가 자신 있게 대답했다. 어제 영어 시간에 배운 단어여서 무슨 뜻인지 쉽게 이해가 됐다.

"센터서클 한가운데에는 센터마크가 있는데, 바로 여기에서 킥오프가 이루어진단다."

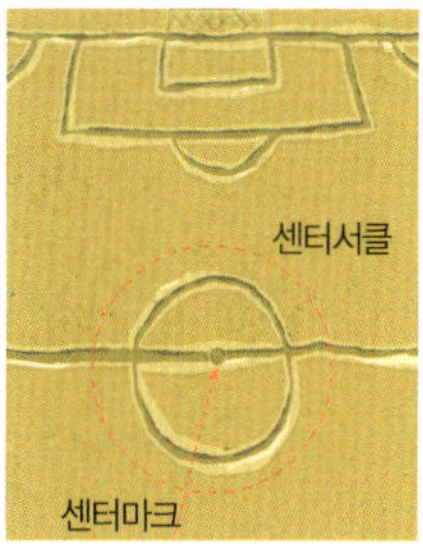

아빠의 말이 끝나자 브라보가 잽싸게 끼어들었다.

"킥오프는 경기가 시작될 때나 어느 팀에

서 득점을 올려 다시 경기를 시작할 때 공을 센터라인 가운데 놓고 차는 것을 말하잖아요. 그러니까 쉽게 정리하자면 경기를 시작할 때나 어느 팀에서 득점을 올렸을 때 경기를 다시 시작하는 지점이지요."

브라보가 턱을 만지작거리며 진지하게 말하자 그 모습에 바비는 웃음을 터트리고 말았다.

"아빠, 오빠 좀 보세요. 꼭 탐정 같은 표정을 짓고 있어요."

"하하하. 그러고 보니 브라보의 이런 진지한 표정은 처음 보는 것 같구나."

"에이, 놀리지 마세요. 열심히 배워 보려는 건데 왜 그러세요."

"놀리는 게 아니야. 기특해서 그래."

아빠는 계속 웃고 있는 바비를 쳐다보며 집게손가락을 입술 앞에 세웠다. 바비는 급히 웃음을 거두었다.

"이제 골포스트에 대해 알아볼까? 골포스트는 골대라고도 부르지. 가로는 7.32m고 세로는 2.44m야. 골포스트 위쪽은 크로스바라고 하고, 양옆은 포스트라고 한단다."

"그럼 아나운서가 크로스바를 맞고 튕겨 나왔다고 말하면 골포스트 윗부분을 맞았다는 말이겠네요."

"포스트바를 맞고 공이 튕겨 나왔다는 말은 골포스트 옆을 맞고 튕겨 나왔다는 뜻일 테고요."

"옳지, 아주 정확하구나."

브라보와 바비는 마주 보며 하이파이브를 했다.

"자, 이젠 경기장에 대한 설명은 끝났다. 이 정도면 축구장이 어떻게 구성되어 있는지 충분히 이해할 수 있겠지?"

"네, 아빠."

"그럼 다음에는 뭘 알려주실 건가요?"

"축구장에 대해 알아봤으면 축구장에서 뛰는 선수들에 대해서도 알아봐야 하겠지?"

아빠가 다시 나무 막대기를 들고 땅바닥에 그림을 그리기 시작했다.

"아빠, 이게 선수들이에요? 꼭 졸라맨 같아요."

"아빠가 그림에는 재주가 없으니 이해해 주렴. 그나저나 한 팀이 축구 선수 몇 명으로 이루어지는지 알고 있니?"

"11명이요!"

바비가 먼저 대답했다.

"그 정도는 길 가던 삼척동자도 다 알아요."

브라보가 시시하다는 듯 시큰둥하게 대답했다.

"허허, 그렇긴 하지. 기본 중의 기본이니까. 11명 중 한 명

은 골키퍼야. 골키퍼는 GK라고 표기하지. Goalkeeper의 약자야. 나머지 10명은 공격수와 수비수, 그리고 미드필더로 나누어져. 공격수는 FW라고 하는데, Forward의 약자야. 수비수는 DF로, Defender의 약자란다. 미드필더는 MF라고 표기하는데, Midfielder의 약자야."

아빠는 나무 막대기로 선수들의 위치를 하나하나 짚어 가며 설명했다. 브라보는 관심이 있는 내용인지 아빠 옆에 바짝 다가가 앉았다.

"공격수는 당연히 골을 넣는 역할을 맡고, 수비수는 상대방의 골을 막는 역할을 하겠지요. 그런데 미드필더는 정확히 어떤 역할을 해요?"

"미드필더는 공격수와 수비수 사이에서 경기를 치르는 선수들이란다. 그런데 미드필더가 하는 일은 한마디로 정리하기가 힘들구나. 아주 다양한 일들을 하거든. 태클을 해서 상대팀의 공을 빼앗기도 하고, 공격수에게 공을 패스해서 득점 기회를 만들기도 한단다. 미드필더가 직접 득점하는 경우도 있고, 수비를 할 때는 수비수만큼 적극적으로 수비에 임하기도 하지."

"미드필더도 공격형 미드필더(AM, Attacking Midfielder)와 수비형 미드필더(DM, Defensive Midfielder)로 나뉜다던데요."

브라보가 여전히 큰 관심을 보이며 질문했다.

"단순하게 나누면 공격형 미드필더와 수비형 미드필더로 나눌 수 있지만, 실제 경기에서 미드필더의 역할은 그것보다 훨씬 복잡하게 나누어진단다. 그 팀이 어떤 전술로 경기에 임하느냐에 따라 미드필더의 구성과 역할이 크게 달라지거든. 이 부분은 나중에 전술에 대해 이야기할 때 더 깊이 알아볼 테니, 지금은 공격형 미드필더와 수비형 미드필더가 있다는 것 정도만 알아 두면 되겠다. 첫날부터 너무 많은 것을 배우면 지칠 수도 있으니 오늘은 여기까지 하자꾸나."

"하나도 힘들지 않아요."

"네, 재미있기만 한 걸요."

브라보와 바비가 아이처럼 칭얼댔다.

"저기를 봐라. 어느덧 해가 저물고 있구나."

브라보와 바비는 아빠가 가리키는 곳을 보았다. 정말 하늘 한가운데 떠 있던 해가 서쪽으로 뉘엿뉘엿 지고 있었다.

"지금 당장 떠나더라도 어두워져서야 집에 도착하겠구나. 집에서 기다리고 계실 엄마 생각도 해야지."

"에휴, 어쩔 수 없네요."

바비가 한숨을 길게 내쉬었다.

"그런데 아빠, 혹시 선생님 해 볼 생각 없으세요? 이렇게 쉽고 재미있게 설명해 주시는 걸 보면 선생님 체질인 것 같아요."

"그러니?"

아들의 칭찬에 아빠는 절로 어깨가 으쓱해졌다.

"하지만 축구 과목은 없지 않니. 아빠가 잘 가르쳐 줄 수 있는 과목은 축구뿐인데."

"아, 맞다. 그 생각을 못했네요."

아빠는 양팔을 두 아이의 어깨에 올려놓고 함께 자동차를 향해 걸어갔다. 그 사이 해가 더 기울었는지, 세 사람의 그림자도 더 길어져 있었다.

잠깐만 기다려!

대한민국 축구사

도전과 환희의 역사

〈삼국사기〉와 〈삼국유사〉를 보면 신라 시대 화랑인 김춘추와 김유신이 축국을 했다는 기록이 있다. 축국은 가죽으로 만든 공을 차는 공놀이로, 중국의 황제가 군사들을 훈련시키기 위한 목적으로 시작했는데 당나라 때 우리나라에 전해졌다. 그로써 우리나라에도 공차기의 역사가 시작되었다.

영국에서 시작된 근대 축구가 우리나라에 전해진 것은 1882년(고종 19년), 인천항에 도착한 영국 군함 플라잉호스의 승무원에 의해서라고 한다. 이후 1904년, 서울의 관립 외국어 학교에서 체육 과목의 하나로 축구를 채택하면서 우리나라에서 축구가 본격적으로 시작되었다. 이듬해인 1905년 6월 10일에는 오늘날의 동대문운동장인 서울훈련원에서 한국 최초의 공개 축구 경기가 열렸다. 이날 경기를 치른 팀은 대한체육구락부와 황성기독청년회였다.

1921년에는 국제적으로 통용되는 규칙과 장비를 토대로 제1회 전(全)조선 축구대회가 열렸다. 1928년 5월 22일에는 조선축구협회의 전신인 조선심판협회가 만들어져 한국 축구가 기지개를 켜고 발전하는 기틀이 마련되었다.

1929년부터는 경성(서울)과 평양 간의 대항전인 '경평(京平)대항전'이 치러지면서 축구가 대중의 관심과 사랑을 받는 스포츠로 떠오르게 되었다. 경평대항전은 축구에 대한 관심을 크게 증폭시키며 축구가 전 민족이 즐기는 대중적인 스포츠로 자리 잡는 계기가 되었다. 이어서 1933년 9월 19일에는 조선축구협회가 정식으로 창립되었다.

민족의 유일한 즐거움이자 희망이었던 축구는 일제 말기 조선축구협회가 해산되면서 암울한 시기를 맞이하기도 했으나, 해방 이후 다시 활기를 띠기 시작했다. 1948년 9월 4일 조선축구협회가 대한축구협회로 이름을 바꾸고 새롭게 출범하였다. 우리나라가 FIFA(국제축구연맹)에 가입한 것도 이 시기였다. 1954년에는 AFC(아시아 축구연맹)의 정식 회원국이 되었다.

우리나라 축구팀이 세계 무대에 첫선을 보인 것은 1948년 런던 올림픽에서였다. 1954년 스위스 월드컵에서는 최초로 본선에 진출했다. 1956년과 1960년에는 각각 제1회 아시안컵과 제2회 아시안컵에서 연속으로 우승하였고 메르데카컵, 킹스컵, 아시안게임, 아시아 청소년 축구대회

등 아시아에서 치러지는 각종 축구대회를 석권함으로써 아시아의 강자로 기세를 떨치기 시작했다.

1971년에는 우리나라 최초로 국제축구대회인 박대통령배 아시아축구대회가 열렸다. 이 대회는 1976년부터 박대통령배 국제축구대회, 1980년부터는 대통령배 국제축구대회, 1995년부터는 코리아컵 국제축구대회로 이름을 바꾸면서 1999년까지 계속되었다. 이것은 대한축구협회에서 개최하는 국내 유일의 국제축구대회였는데, 처음에는 아시아축구대회로 시작했다가 이후 유럽과 남미의 명문 클럽과 대표팀까지 참여하면서 우리나라 축구 발전에 크게 이바지했다.

1983년에는 멕시코에서 열린 세계 청소년(20세 이하) 축구대회에서 청소년 대표팀이 축구 강국들을 물리치고 4위를 차지하여 세계를 깜짝 놀라게 했다.

우리나라에서 프로축구가 시작된 것은 1983년이었다. '슈퍼리그'라는 이름으로 출범한 프로축구는 아시아에서 최초로 탄생한 본격적인 프로리그였다. 슈퍼리그는 2개의 프로축구단(할렐루야, 유공)과 3개의 실업축구단(포항제철, 대우, 국민은행)으로 이루어져 있었다. 1984년에는 포항제철과 대우가 프로축구단으로 전환하였고, 현대 호랑이와 럭키금성 황소가 새로 리그에 참여했다. 1987년부터는 실업축구단이 빠지고 프로축구단만으로 경기를 치르게 되었다.

1986년부터 1992년까지 프로축구선수권대회, 1993년부터 1995년까지는 하이트배 코리안리그, 1996년부터 1997년까지는 라피도컵 프로축구대회라고 불리다가 1998년부터는 'K-리그'라는 명칭이 붙여졌다. 5개 팀으로 첫 발을 내디딘 우리나라 프로축구는 2010년 현재 강원FC, 경남FC, 광주 상무 불사조, 대구FC, 대전 시티즌, 부산 아이파크, 성남 일화천마, 수원 삼성 블루윙즈, 울산 현대 호랑이, 인천 유나이티드, 전남 드래곤즈, 전북 현대 모터스, 제주 유나이티드, 포항 스틸러스, FC서울 등 15개 팀이 참여하고 있다.

우리나라는 2002년 일본과 공동으로 월드컵을 개최하면서 세계 축구의 중심에 우뚝 섰다. 세계 최대의 축구 축제인 월드컵에서 우리나라는 전 세계 축구 팬에게 강한 인상을 남겼다. 특히 거스 히딩크 감독이 이끄는 한국 대표팀은 첫 경기에서 폴란드를 격파하여 월드컵 참가 역사상 첫 승리를 거두는 쾌거를 이루었다. 그리고 거기에서 멈추지 않고 세계 최강으로 꼽히는 포르투갈과 이탈리아, 스페인을 잇따라 물리치고 4강까지 오르는 기적을 이루었다.

또한 한국 대표팀은 1986년 멕시코 월드컵부터 2010년 남아프리카 월드컵까지 7회 연속으로 월드컵 본선에 진출하는 기록도 세웠다. 또한 통산 8회 월드컵에 진출함으로써 아시아에서 최다 월드컵 본선 진출국이 되었다.

2

축구의 기본 규칙

아빠와 함께한 화요일

웬일인지 아빠가 일찍 퇴근했다. 화요일인데도 다른 날보다 한 시간은 일찍 퇴근한 아빠가 헐레벌떡 신발을 벗고 집 안으로 들어왔다.

"아직 해 안 졌지? 어서 운동복으로 갈아입고 밖으로 나가자."

브라보는 아빠가 허둥지둥 서두르는 이유가 궁금했다. 그러나 아빠가 축구공을 집어 들자 그 궁금증은 곧 해결되었다.

"축구에 대해 가르쳐 주시려고요?"

"그래, 오늘은 회사 일이 일찍 끝났단다. 오늘 같은 날을 그냥 보낼 수 없어서 서둘러 왔지. 자, 어서 나가자."

"야호!"

브라보와 바비는 환호성을 터트렸다. 지난번에 아빠가 다녔던 초등학교를 찾아가 축구장과 선수 구성에 대해 공부한 뒤 한동안 뜸했던 축구 수업이 다시 시작된 것이다. 브라보와 바비는 가벼운 발걸음으로 아빠 뒤를 따랐다. 아빠와 함께 10분 정도 걷자 공터가 나타났다. 축구 골대까지 있어서 축구 경기를 하기에 딱 좋은 곳이었다.

"축구 경기가 몇 분 동안 진행되는지 아니?"

"아빠, 너무 쉬운 질문 아니에요? 당연히 전반 45분, 후반 45분이지요."

브라보가 시시한 듯 말했다.

"그럼 하프타임은?"

"그게 뭔데요?"

브라보가 눈을 동그랗게 떴다.

"오빠, 하프타임도 몰라?"

바비가 의외라는 듯 묻자 브라보의 얼굴이 붉어졌다.

"하프타임을 우리말로 해석해 봐."

바비는 호랑이 선생님처럼 브라보를 다그쳤다.

"가운데……. 시간……. 혹시 전반전과 후반전 사이에 있는 휴식 시간을 말하는 거예요?"

"그래, 맞다. 하하하."

아빠가 호탕하게 웃었다.

"간단한 걸 왜 그렇게 어렵게 말하세요."

"원래 명칭이 그러니까 그렇지."

"하프타임은 당연히 15분이지요."

브라보가 다시 시시하다는 표정으로 말했다.

"만약에 전반전과 후반전 경기가 모두 끝났는데 무승부라면 어떻게 해야 할까?"

"연장전을 치러야지요. 연장전은 전반전과 후반전 각각 15분씩이에요. 연장전으로도 승부를 내지 못하면 승부차기까지 해야 하고요."

브라보가 자신 있게 대답했다.

"아니에요. 브라보가 틀렸어요. 그럴 경우 무승부가 돼요. 'O승 O무 O패' 이런 식으로 무승부를 기록한 경기도 있잖아요."

바비도 지지 않고 대꾸했다.

"지금 무슨 소리를 하는 거야. 너, 승부차기 하는 것 못 봤어?"

"오빠는 'O승 O무 O패'라고 기록하는 것도 못 봤어? 으이구, 답답해."

브라보와 바비는 조금도 지지 않고 맞섰다. 그러자 뒤에서 둘의 대화를 듣고 있던 아빠가 나섰다.

"둘 다 맞아. 그러니까 싸울 것까진 없단다. 대회 규정에 승자를 결정해야 한다고 되어 있으면 연장전과 승부차기까지 해서 승리 팀을 가려야 하고, 그렇지 않다면 무승부로 경기를 마치는 거야."

"아, 그렇군요."

브라보와 바비가 머리를 긁적이며 배시시 웃었다.

"그런데 아빠, 축구 경기를 보면 전반전과 후반전 90분이 모두 끝나고 나서도 경기를 계속하던데, 그래도 돼요?"

"바비야, 그건 선수 교체나 부상과 같은 이유로 경기 시간을 썼을 때 추가 시간을 주는 거야. 추가 시간을 결정하는 건 주심의 권한이지."

"그럼 선수를 많이 바꾸면 그만큼 추가 시간이 길어지겠네요."

"물론이지. 그렇지만 선수를 무작정 바꿀 수는 없어. FIFA나 대륙연맹, 또는 국가협회에서 주관하는 공식 경기에서는 각 팀에서 최대 3명씩만 교체할 수 있단다."

"하지만 지난주에 있었던 우리나라와 중국의 경기에서는 5명씩 교체한 것 같던데요."

브라보가 의아한 듯 물었다.

"지난주 중국과의 경기는 국가대항 A팀의 경기였는데, 이런 경기에서는 최대 6명까지 교체할 수 있단다."

"선수가 교체될 때도 규칙이 있나요?"

"물론이지. 아무 때나, 아무 곳에서나 경기장으로 들어갈 순 없겠지? 교체 선수는 교체되어 나오는 선수가 경기장을 나온 후 주심의 신호를 받고 경기장 안으로 들어간단다. 교체 선수는 경기가 중단된 시점에 중앙선에서 입장하게 돼. 자, 그럼 이제부터 실전에 들어간다."

"실전이요?"

브라보와 바비가 깜짝 놀라서 눈을 동그랗게 떴다.

"아빠가 가르쳐 주신다고요? 직접 축구공을 차면서요?"

"그러니까 운동복을 입고 나왔잖니. 이래 봬도 초등학교 땐 축구 선수였다니까."

아빠는 당당한 발걸음으로 공 앞에 섰다.

"축구는 손을 이용할 수 없는 스포츠지만 예외 사항이 있단다."

"골키퍼는 손을 사용할 수 있잖아요."

"그렇지. 브라보 말이 맞아. 하지만 다른 선수들도 손으로 공을 만질 수 있는 경우가 있어."

"언제요?"

바비의 눈이 동그래졌다.

"스로인을 할 때지."

"스로인?"

아빠는 직접 시범을 보이기 위해 터치라인 쪽으로 가서 섰다.

"만약 공이 상대방 선수의 신체에 맞고 터치라인 밖으로 나가면 공이 밖으로 나간 터치라인 지점에서 스로인을 해서 공을 다시 경기장 안으로 보낸단다. 스로인은 바로 이렇게 공을 들고 던지는 거야. 스로인을 할 때는 몸이 경기장을 향하고 발의 일부가 터치라인 위나 터치라인 밖에 있어야 하지. 그리고 머리 뒤에서부터 머리 위를 지나도록 공을 던져야 해. 이때 상대편 선수들은 스로인을 하는 선수로부터 최소 2m이상 떨어져 있어야 하고."

아빠는 스로인할 때의 바른 자세를 직접 보여 주기 위해 양손으로 공을 힘차게 집어던졌다.

"아! 축구 경기에서 선수들이 그렇게 공을 던지는 걸 본 적 있어요. 그게 바로 스로인이었구나."

브라보는 아빠를 따라 힘껏 공을 던져 보았다. 바비도 덩달아 공을 던지며 아빠를 따라 했다.

"이번엔 '킥 3총사'에 대해 배워 볼까?"

"킥 3총사? 그런 말도 있어요."

"내가 방금 지어낸 말이야. 코너킥, 프리킥, 페널티킥을 묶어서 쉽게 기억하라고 말이지."

"세 가지가 이름이 비슷해서 좀 헷갈리긴 했어요."

아빠는 계속되는 설명에 갈증이 나는지 물병에 담아온 물을 한 모금 마셨다.

"코너킥은 말 그대로 코너에서 하는 킥을 말해. 수비하는 선수의 신체에 맞고 골라인 밖으로 나갔다면 공격팀은 코너아크에서 공을 차올릴 수 있는 기회를 얻게 되지. 코너킥을 할 때 상대팀 선수는 최소 9.15m 이상 떨어져 있어야 해. 또 코너킥을 한 선수는 다른 선수가 공을 터치하기 전에 다시 공을 터치할 수 없어. 이것을 위반하면 상대팀에 프리킥이 주어져."

"말 나온 김에 프리킥에 대해서도 자세하게 알려 주세요."

브라보는 어느새 아빠의 설명에 푹 빠져 있었다.

"안 그래도 그러려고 했단다. 프리킥이 직접 프리킥과 간접 프리킥으로 나뉜다는 것 아니?"

브라보와 바비가 동시에 고개를 절레절레 저었다.

"아, 그래요? 몰랐어요."

"뭐가 다른데요?"

"많은 차이가 있지만 먼저 직접 프리킥은 키커(킥을 하는 선수)가 곧바로 골로 연결시킬 수 있는데, 간접 프리킥은 반드시 다른 선수에게 한 번 이상 패스를 한 뒤에 골을 넣어야 득점이 된다는

점을 들 수 있지."

"간접 프리킥을 할 때 키커가 다른 선수에게 공을 주지 않고 곧바로 골로 연결시키면 어떻게 되는데요?"

질문을 하는 바비의 눈이 반짝거렸다.

"그럼 골킥이 선언돼."

"골킥? 골키퍼가 골에어리어 안에서 공을 뻥 차올리는 것 말이지요?"

"대부분 골키퍼가 차지만 다른 선수가 차는 경우도 있단다. 하지만 다른 선수들은 공격과 수비에 전념하는 편이 좋으니까 아무래도 골키퍼가 차게 되지. 골킥 역시 간접 프리킥의 형태 중 하나란다."

"직접 프리킥과 간접 프리킥의 다른 차이들은 뭐예요?"

바비는 궁금해 못 견디겠는지 발을 동동 굴렀다. 그러나 장난기가 발동한 아빠가 갑자기 말을 돌렸다.

"우리 바비, 이번 시험에서 수학은 95점 맞고 국어는 100점 맞았다며?"

"아빠, 지금 그런 얘기 할 때가 아니잖아요. 정말 궁금하단 말이에요."

그래도 아빠는 계속 딴소리를 했다.

"브라보는 요즘 태권도 도장 안 빼먹고 잘 다니고 있니?"

참다못한 브라보와 바비가 아빠를 붙잡고 간지럼을 태우기 시작했다.

"정말 이러실 거예요? 빨리 제대로 알려 주세요."

"아, 알았다. 이제 그만 좀 해라."

아이들의 간지럼에 숨이 넘어갈 듯 웃던 아빠가 드디어 항복을 하고 말았다.

"두 가지 모두 반칙을 했을 때 상대팀에게 주어지는 프리킥이야. 그럼 프리킥이 뭔지부터 자세히 알아야겠지? 심판에 의해서 반칙이 선언되면 상대팀에게 공격권이 주어지는데, 반칙이 선언된 뒤 다시 경기를 시작하는 킥을 프리킥이라고 한단다. 프리킥은 반칙이 이루어진 곳에서, 그리고 볼이 정지되어 있는 상태에서 진행되어야 해. 이때 상대팀 선수는 최소 9.15m 떨어진 곳에 위치하면서 킥을 방해하지 말아야 하지. 자, 그럼 너희가 궁금해 했던 직접 프리킥과 간접 프리킥에 대해 알아볼까?"

아빠는 손가락을 꼽으며 말을 이었다.

"프리킥 중에서 직접 프리킥이 주어지는 경우는 다음과 같은 중대한 반칙을 저질렀을 때야."

· 상대 선수를 차거나 차려고 했을 때

· 상대 선수의 발을 걸었거나 발을 걸어 넘어뜨리려고 했을 때

· 상대 선수에게 덤벼들었을 때

· 공을 가지고 있는 선수와 심하게 부딪쳤을 때

· 상대 선수를 때리거나 때리려고 했을 때

· 상대 선수를 붙잡거나 밀었을 때

· 상대 선수에게 침을 뱉었을 때

"또 간접 프리킥은 이럴 때 주어지지."

· 골키퍼가 공을 들고 6초 이상 시간을 끌었을 때

· 공과 관계없이 상대 선수를 방해했을 때

· 손으로 공을 패스하려는 골키퍼를 방해했을 때

· 손에 들고 있던 볼을 던진 뒤 다른 선수가 터치하기 전에 다시 손을 볼에 댔을 때

· 행동을 시작하지 않은 골키퍼와 충돌했을 때

· 상대 선수의 진로를 방해했을 때

· 위험스러운 플레이를 했을 때

· 같은 팀 선수가 패스해 준 볼을 일부러 손으로 터치했을 때

"그런데 만약 선수들이 직접 프리킥인지 간접 프리킥인지 헷갈리면 어떡해요. 심판의 휘슬 소리만 듣고 순간적으로 판단하기 힘들 것 같아요."

브라보의 걱정 섞인 얼굴을 보고는 아빠가 벌떡 일어났다.

"아빠를 잘 보렴. 심판은 휘슬 말고도 손동작으로 게임을 이끌어 나간단다. 이것을 '수신호'라고 하지. 직접 프리킥과 간접 프리킥도 심판의 손동작으로 구별할 수 있어. 이렇게 손을 앞으로 뻗으면서 손과 팔로 방향을 지시하면 직접 프리킥이고, 한쪽 팔을 위로 들면 간접 프리킥이야."

"와, 이거 재미있는데요."

브라보와 바비가 연신 아빠를 흉내 냈다.

직접 프리킥

간접 프리킥

"수신호는 이것 말고도 많아. 그럼 우리 잠깐 머리도 식힐 겸 심판의 수신호에 대해 배워 볼까?"

· 주심의 수신호

경기 계속

공격팀에게 어드밴티지 룰을 적용해 경기를 계속하라는 신호

페널티킥

페널티마크를 가리킨다.

간접 프리킥

킥이 시행되고 다른 선수에게 공이 가거나 아웃될 때까지 한쪽 팔을 들고 있어야 한다.

직접 프리킥

손과 팔이 방향을 분명하게 지시해야 한다.

골킥

골에어리어 모서리를 가리킨다.

경고(옐로카드), 퇴장(레드카드)

카드를 높이 들어 제시하고 바로 해당선수의 번호를 기록한다.

코너킥

코너를 가리킨다.

· 부심의 수신호

오프사이드

발견 즉시 기를 번쩍 들어 올린다.

오프사이드(먼 쪽)

주심이 경기를 중단시켰을 경우 부심은 반대편 오프사이드 위치를 가리킨다.

오프사이드(중간 부분)

중간 부분의 오프사이드 위치를 가리킨다.

오프사이드(가까운 쪽)

바로 앞에 있는 오프사이드 위치를 가리킨다.

스로인

던지는 팀의 공격 방향을 지시한다.

코너킥

공이 골라인 아웃되는 즉시 기를 번쩍 들어 주심에게 알린 다음 코너를 가리킨다.

선수교체

주심을 향해 두 손으로 기를 들어 올린다.

골킥

골에어리어 모서리를 가리킨다.

"이젠 '킥 3총사' 중 페널티킥만 남았네. 페널티킥은 셋 중에서 득점 확률이 가장 높은 킥이야. 골키퍼와 일 대 일 상황에서 하는 킥이거든."

그때 갑자기 브라보가 끼어들었다.

"페널티킥에 대해서는 제가 잘 알아요. 제가 이야기해 볼게요."

브라보는 흠흠 헛기침을 하면서 목소리를 가다듬었다.

"그러니까 바비야, 페널티에어리어 안에서 수비팀 선수가 반칙을 하면 페널티킥이 주어지는 거야. 이때 공격팀은 페널티마크 위에 볼을 올려놓고 슛을 하게 되지. 이때 수비팀에서는 아무도 이것을 막지 못하고 오직 골키퍼만 막을 수 있어. 골키퍼는 키커가 공을 차는 순간까지 골포스트 사이, 골라인 위에 있어야 해. 다른 선수들은 페널티마크에서 최소 9.15m 떨어져 있어야 하고. 만약 이 규칙을 공격팀에서 어겼다면 골이 들어갔을 때는 무효, 골이 안 들어갔을 때는 상대팀에 간접프리킥을 주게 돼. 반면 수비팀에서 이 규칙을 어겼다면 골이 들어갔을 때는 인정, 골이 안 들어갔을 때는 다시 한 번 킥을 할 수 있는 기회를 주지."

"둘 다 규칙을 지키지 않으면?"

"그때는 킥을 다시 하게 돼."

"그런데 오빠, 페널티마크가 뭐야?"

“골포스트 중앙에서 11m 떨어져 있는 지점이야. 바로 여기서 페널티킥을 하게 되지. 페널티마크에서 9.15m 떨어진 곳에는 페널티아크라고 불리는 원호가 있어.”

“아주 훌륭한 설명이었어.”

옆에서 둘의 대화를 듣고 있던 아빠가 박수를 쳐 주었다. 브라보는 머쓱하면서도 기분이 좋았다.

“그런데 브라보, 페널티킥을 할 때 골이 들어가지 않으면 다른 선수들은 어떻게 해야 할까?”

“페널티킥을 못 넣는 경우도 있어요?”

바비가 깜짝 놀라 되물었다.

“물론이지. 그런 경우도 많아.”

“어떻게 그럴 수가 있어요? 골키퍼와 둘이서만 일 대 일로 킥을 한다면서요. 그런 건 저도 골인시킬 수 있겠어요.”

“키커가 긴장해서 골포스트 밖으로 공을 차는 경우도 있고, 골키퍼가 미리 공의 방향을 읽고 막아 내는 경우도 있어.”

“아, 그렇구나.”

“그럼 아까 질문으로 되돌아가 볼까? 페널티킥에서 골인을 하지 못하면 어떻게 될까?”

“그럼 그냥 끝이지요. 상대팀에 공격권이 돌아가지 않아요?”

"땡!"

아빠는 손가락을 가위표를 만들며 빙그레 웃었다.

"페널티킥을 했는데 공이 골라인 밖으로 나가면 상대팀에 골킥이 주어진단다. 하지만 골포스트를 맞고 튕겨 나오거나 골키퍼가 손으로 쳐낸 것이 경기장 안으로 들어오면 공격팀에서는 그 볼을 다시 골로 연결시킬 수 있어. 그때는 9.15m 밖에 서 있던 수비 선수들도 서둘러 수비에 들어가야겠지. 하지만 승부차기 때는 예외야. 승부차기에서는 한 번 실패하면 더 이상 기회가 없지."

브라보와 바비는 오늘 배운 내용을 머릿속에 담아 두느라 아무 말 없이 고개만 끄덕였다.

"슬슬 머리가 아파 오기 시작하지?"

"네, 조금……."

"자, 그럼 오늘은 이만 집으로 돌아갈까?"

"아니요. 몇 가지 더 여쭤볼 게 있어요."

"그래, 브라보. 한번 말해 보렴.

"축구 경기 중계를 보면 아나운서가 센터링, 크로스 같은 말을 많이 하던데 무슨 뜻이에요?"

"말이 좀 어려워서 그렇지 사실 아주 단순한 거야. 센터링은 공을 몰고 가던 선수가 다른 선수들의 움직임을 살피면서 중앙으로 패스하는 거야. 크로스는 공을 가로 방향으로 차는 것을 말하고."

"아빠, 저도 질문 있어요."

바비도 얼른 나섰다.

"인플레이, 아웃플레이가 뭔지 궁금해요."

"하하하. 그것도 아주 단순하단다. 경기가 진행 중인 상태를 인플레이라 하고 경기가 잠시 중단된 상태를 아웃플레이라고 하는 거야. 자, 이제 됐니?"

"아니요, 한 가지만 더요."

브라보가 다급하게 끼어들었다.

"드롭볼이라는 건 또 뭐예요?"

"드롭볼은 경기가 중단되었을 때, 중단된 바로 그 지점에서 주심이 볼을 떨어뜨려 경기를 다시 시작하는 방법이야. 볼이 땅에 닿는 순간 경기가 다시 시작되는 거지."

"우리도 다 아는 건데 영어로 되어 있어서 어렵게 느껴지는 것 같아요."

"그렇긴 하지. 센터링을 '공 가운데로 차기', 크로스를 '옆으로 가로질러 차기', 인플레이를 '경기 중', 아웃플레이를 '경기가 중단됨', 드롭볼을 '공 떨어뜨리기'라고 친절하게 해석해 주면 축구가 얼마나 쉽겠니?"

"그런데 아나운서가 축구 중계를 그렇게 하면 정말 촌스러울 것 같아요. 호호호."

바비의 웃음이 금세 아빠와 브라보에게까지 번져 나갔다. 셋은 축구공을 주고받으며 집으로 향했다.

잠깐만 기다려!

전 세계를 뒤흔든 황당 축구 사건

축구전쟁에서 펠레의 저주까지

· 축구전쟁

중앙아메리카에 위치해 있는 두 나라, 엘살바도르와 온두라스는 일명 '축구전쟁'을 통해 한바탕 난리를 겪은 적이 있다.

멕시코 월드컵 예선이 한창이던 1970년 6월 8일, 양국의 축구 대표팀은 온두라스의 수도 테구시갈파에서 예선 1차전을 벌이기로 되어 있었다. 그런데 온두라스 축구 팬들이 엘살바도르 축구 대표팀 숙소 앞에서 밤새도록 자동차 경적을 울리면서 소리를 질러 댔다. 이것이 영향을 미쳤는지 예선 1차전에서 엘살바도르는 온두라스에 0대 1로 패했다.

그런데 경기 결과에 충격을 받은 엘살바도르의 18세 여성 팬이 권총으로 자살하는 일이 벌어졌다. 그녀의 장례식은 엘살바도르 축구 대표팀뿐만 아니라 대통령까지 참석하여 침통하게 거행되었다. 그리고 일주일 뒤인 6월 15일 엘살바도르의 수도 산살바도르에서 벌어진 예선 2차전에서는 3대 0으로 엘살바도르가 승리를 거두었다. 6월 27일 멕시코시티에서 열린 최종전에서는 연장전까지 가는 접전 끝에 엘살바도르가 3대 2로 승리를 거두었다.

월드컵 예선전이 끝난 후, 두 나라는 극도로 악화된 국민감정을 수습하지 못하고 결국 외교 단절을 선언했다. 그리고 7월에는 엘살바도르 군대가 온두라스를 공격하면서 전쟁이 발발하고 말았다. 전쟁은 5일간 계속되었기 때문에 100시간 전쟁이라 불리기도 한다.

축구로 인해 양국의 감정이 폭발하여 전쟁이 시작된 건 맞지만, 두 나라는 이미 오래전부터 갈등의 골이 깊어질 대로 깊어져 있었다. 정치적, 경제적인 이유로 온두라스로 이민을 간 수십 만 명의 엘살바도르 국민을 온두라스 정부가 농지 개혁을 이유로 추방시키면서 원성을 사기 시작한 것이다. 그것이 축구 경기를 계기로 폭발하면서 전쟁으로까지 이어졌다.

이 전쟁으로 엘살바도르는 주변국들과의 무역이 끊기면서 국가 경제에 큰 타격을 입었고, 온두라스는 국토 일부분이 초토화되었다.

· 마라도나 '신의 손' 사건

'신의 손' 사건은 1986년 멕시코 월드컵에서 아르헨티나의 축구 영웅 마라도나가 잉글랜드와의 경기에서 손으로 볼을 쳐서 선제골을 넣은 사건이다. 센터링이 올라오자 잉글랜드 골키퍼와 동시에 점프를 한 마라도나는 교묘하게 이마가 아닌 손으로 골포스트를 향해 볼을 밀어 넣었다. 명백한 핸들링 반칙이었지만 주심이 그 상황을 보지 못해 골로 인정됐다. 결국 이 경기에서 승리를 거둔 아르헨티나는 월드컵 우승을 차지했다. 경기가 끝난 뒤 마라도나가 '그것은 나의 손이 아니라 신의 손이었다'고 말해 이 사건은 '신의 손' 사건이라고 불리게 되었다.

최근에는 프랑스 축구 선수 앙리의 '신의 손' 사건으로 떠들썩했다. 2009년 11월 19일 월드컵 유럽 최종 예선, 프랑스와 아일랜드의 경기에서 프랑스가 0대 1로 뒤지고 있던 연장 13분에 앙리가 공을 왼손으로 건드려 다른 선수에게 패스해 골로 연결시키는 일이 발생했다. 이 장면을 목격한 아일랜드 선수들이 주심에게 항의했지만 받아들여지지 않아 1, 2차전 합계 결과 2대 1로 프랑스가 월드컵 본선에 진출했다.

아일랜드 총리와 프랑스 대통령까지 나서면서 외교 분쟁이 일어날 조짐을 보이기도 했지만, FIFA에서 처벌 규정이 없다는 이유로 앙리에게 면죄부를 주면서 사건은 일단락되었다.

· 에스코바르 피살 사건

1994년 미국 월드컵에 참가한 콜롬비아 대표팀은 강한 전력을 갖추고 있어 국민들의 기대를 한 몸에 받았다. 그러나 개최국 미국과의 경기에서 수비수인 에스코바르가 자책골을 넣는 어처구니없는 일이 발생했다.

결국 콜롬비아는 이 경기에서 패하면서 조 최하위가 되어 16강 진출이 좌절되고 말았다.

경기를 마치고 귀국한 에스코바르는 한 술집에서 괴한의 총에 맞아 살해당했는데, 이것은 월드컵 역사상 가장 슬프고 충격적인 사건으로 꼽히고 있다.

· 펠레의 저주

역사상 가장 위대한 축구 선수로 꼽히는 축구황제 펠레에게는 이상한 징크스가 있다. 그가 우승 후보로 예상한 팀은 예외 없이 초반에 탈락하거나 우승을 놓치는 것이다. 축구 팬들은 그것을 두고 '펠레의 저주'라고 부른다.

예를 들어 2002년 한일 월드컵에서 펠레는 프랑스를 강력한 우승 후보로 꼽았는데, 이 대회에서 프랑스는 1무 2패를 거두며 예선에서 탈락하고 말았다.

3

반칙이 되는 경우

아빠가 레드카드 받은 날

아빠와 브라보, 바비는 신나게 콧노래를 부르며 공터를 향해 걸어갔다. 축구는 어느새 브라보와 바비에게 가장 흥미로운 오락거리가 되어 있었다. 아빠와 브라보, 바비는 축구 강습 전용 구장으로 쓰고 있는 동네 공터에 도착했다.

"본격적인 수업에 앞서 가볍게 축구하면서 몸 좀 풀까? 실전도 익히고 운동도 할 수 있으니 얼마나 좋니."

"네, 좋아요!"

브라보와 바비의 대답이 채 끝나기도 전에 아빠는 공을 차며 앞으로 나아갔다. 브라보와 바비는 어느새 같은 편이 되어 아빠의 드리블을 막고 있었다.

"바비야, 넌 저쪽을 맡아!"

“오빠, 아빠가 그쪽으로 가고 있어!”

하지만 아빠의 몸놀림이 예사롭지 않았다. 마치 미꾸라지처럼 요리조리 잘 피해 다녔다. 결국 브라보와 바비는 10분을 넘기지 못하고 그 자리에 주저앉고 말았다.

“헥헥……. 아빠, 이제 그만 기권이에요. 숨넘어갈 것 같아요.”

“저도요……. 이제 아빠가 축구 꿈나무였다는 것 인정해요.”

“정말이냐? 하하하. 아빠가 배뚱뚱이 아저씨인 줄만 알고 있었겠지만, 아빠 안에는 아직도 축구 본능이 남아 있단다.”

아빠도 숨을 고르며 브라보와 바비 곁에 와서 앉았다.

“오늘은 오프사이드부터 시작할까? 저번에 우리나라와 일본의 경기에서 너희를 흥분시켰던 그것 말이야.”

“아, 생각나요! 우리나라 공격수가 골을 넣었는데 무효가 됐던 것 말이지요? 아빠가 그때 오프사이드이기 때문에 득점 인정이 안 됐다고 하시면서 설명은 나중으로 미뤘잖아요.”

“그래, 맞아. 우리 브라보 기억력이 좋구나. 오늘 오프사이드에 대해 이야기해 주마.”

그때의 기억이 새록새록 떠오르는지 브라보와 바비는 목소리를 높였다.

“그때 정말 어이가 없었어요. 골인된 줄 알고 기뻐했는데…….”

“너무 기뻐서 환호성까지 터트렸는데 오프사이드인지 뭔지 때문에 무효가 돼서 정말 속상했어요.”

“오프사이드인 줄 모르고 선수들이 골 세리머니까지 하다가 나중에 알게 되어 어이없어 하는 경우도 종종 생긴단다. 오프사이드가 어떤 것인지 알면 왜 그런 일이 생기는지 이해하게 될 거야.”

아빠는 지난번처럼 나무 막대기를 하나 골라 손에 쥐더니 축구 경기장을 그리기 시작했다. 먼저 삐뚤빼뚤하게 축구 경기장을 그리더니 한참 고민 끝에 선수들을 하나씩 채워 넣었다. 브라보와 바비는 아빠가 정성스럽게 그리는 그림을 유심히 바라보았다.

“자, 이게 축구 경기장이다. 지난번 상황을 다시 떠올려 볼까?

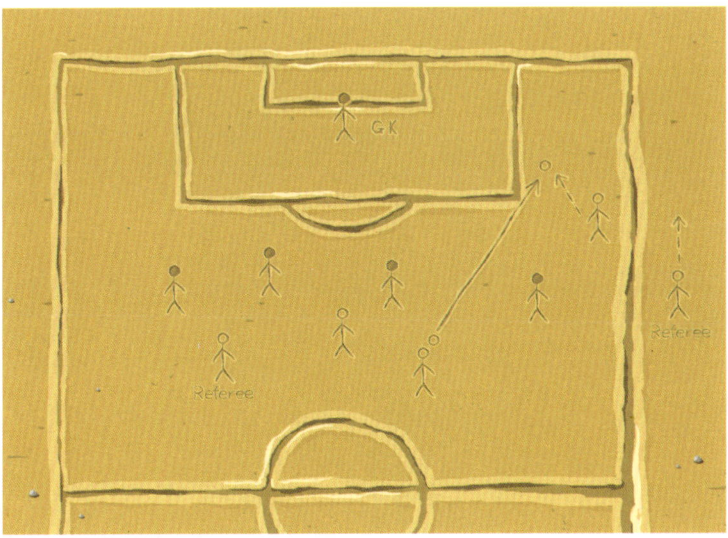

우리나라 미드필더들이 서로 공을 주고받다가 레프트 윙백 최영규 선수가 중앙공격수 박진호를 향해 패스를 했어. 그리고 박진호 선수는 그 공을 받아 슛을 했지. 골인이 되었지만 오프사이드가 선언되면서 그 골은 무효가 되었어."

"맞아요!"

브라보는 그때 일이 생각나는지 땅을 치며 아쉬워했다.

"그건 말이야, 중앙공격수 박진호 선수가 일본의 최후방 선수보다 더 앞쪽에 위치해 있다가 공을 받아 슛을 했기 때문이야."

브라보와 바비는 이해가 잘 안 가는지 고개를 갸웃했다.

"그러니까 쉽게 말해서 어떤 선수가 골키퍼를 제외한 상대팀 선수보다 상대팀 골포스트에 더 가까이 있다가 공을 받게 되면 오프사이드에 걸리는 거야."

"아하! 이제 알겠어요."

"생각해 보니 박진호 선수가 일본 수비수보다 골포스트 쪽으로 더 들어가 있었던 것 같아요."

"그런데 공격수가 무조건 최후방에 있다고 오프사이드에 걸리는 건 아니야. 그 위치에 있는 선수가 공을 받아 공격을 시도해야 오프사이드 반칙이 된단다. 패스된 볼을 받는 순간의 위치로 오프사이드를 판단하는 것이 아니라 패스가 시작되었던 순간의 위치로 오프사이드를 판단하게 돼. 그러니까 만약 패스를 시도하는 순간에 오프사이드 위치가 아니었다면, 공이 이동하고 있는 사이에 최후방으로 전진하더라도 그건 오프사이드가 아니지. 또 골킥으로 공을 찰 때나 스로인으로 공을 던질 때, 코너킥으로 공을 찰 때는 오프사이드가 적용되지 않아. 아직 공격팀에서 중앙선을 넘어가지 못했을 경우에도 오프사이드는 적용되지 않는단다."

"아, 그런 것도 있었구나. 그런데 판단하기 애매할 수도 있을 것 같아요. 빠르게 움직이는 선수들을 일일이 다 관찰할 수 없고, 공격하는 순간이 아주 잠깐이어서 헷갈리거나 잘못 볼 수도 있을 것 같아요."

"맞아. 그래서 오프사이드 판정은 종종 논란을 불러일으키기도 한단다."

"심판이 잘못 판단하면 정말 억울할 것 같아요."

"그렇지. 결정적인 득점 찬스인 경우가 많으니까. 그런데 말이야, 일부러 수비팀에서 오프사이드 트랩을 써서 공격 선수를 유인하기도 한단다."

"일부러요? 어떻게요?"

브라보와 바비는 아빠의 말을 놓치지 않으려고 귀를 쫑긋 세웠다. 사실 지난번 한일전 이후 다른 건 몰라도 오프사이드에 대해

서만은 확실히 알아두어야겠다고 다짐하고 있었다.

"수비 선수들이 일자로 서 있다가 순간적으로 앞으로 올라오면서 상대팀 공격 선수가 오프사이드에 걸리도록 하는 거야. 이것을 '오프사이드 트랩'이라고 부른단다."

"그런데요……."

아빠의 말을 귀 기울여 듣고 있던 브라보가 슬쩍 끼어들었다. 그런데 목소리에는 영 자신이 없었다.

"할 말 있니? 어서 말해 보렴."

"오프사이드 트랩이란 건 좀 위험할 수도 있을 것 같아요. 만약 공격 선수가 오프사이드 트랩에 걸려들지 않으면 완전히 단독 찬스를 내주는 거잖아요."

아빠의 얼굴에 놀라움이 스쳐 지나갔다.

"우리 브라보, 정말 브라보다! 아주 예리한 지적이구나. 오프사이드 트랩을 잘 이용하면 상대팀 공격의 맥을 끊는 훌륭한 도구로 사용할 수 있지만, 잘못하다가는 상대편 공격 선수에게 노마크 찬스를 내주는 꼴이 되고 말지. 그래서 큰 위험이 따르는 전술이란다."

"이제 오프사이드에 대해서는 충분히 이해했어요. 그러니 패스!"

브라보가 손을 좌우로 흔들면서 다음으로 넘어가자는 신호를 보냈다. 브라보의 천연덕스러운 몸짓과 표정에 아빠와 바비는 그만 웃음 터트리고 말았다.

"사실 오늘은 여러 가지 반칙 요소들에 대해 이야기를 하려고 했단다. 그런데 생각해 보니 지난번에 프리킥에 대해 이야기할 때 웬만한 반칙 요소들은 다 설명했지 뭐냐. 그래서 몇 가지만 더 추가하려고 한다."

"그러시지요, 폐하."

브라보는 장난기가 발동했는지, 과장된 몸짓과 목소리로 우스꽝스럽게 말했다.

"저번에 프리킥에 대해 이야기하면서 깜빡 잊은 게 하나 있지 뭐냐."

"뭔데요?"

브라보의 얼굴에 한가득 차 있었던 장난기가 순식간에 호기심으로 바뀌었다.

"반칙을 한다고 해서 반드시 프리킥을 주는 게 아니야. 프리킥을 주는 건 반칙을 한 사람에게는 벌칙을 주고 반칙을 당한 사람에게는 기회를 주기 위해서잖아. 그런데 만약 좋은 공격 기회를 잡아 한참 공을 드리블하며 달려가고 있는데 상대팀 선수가 반칙성 태클을 해서 그것을 막았다고 해 보자. 이때 경기를 멈추고 공격 선수에게 프리킥을 주면 오히려 공격 흐름이 깨져 버릴 거야. 그건 반칙을 저지른 수비 선수에게 더 좋은 일이 되겠지. 그래서 반칙에 대해 프리킥을 주는 것이 공격팀에게 불이익을 준다고 판단을 할 때는 따로 프리킥을 주지 않고 그대로 경기를 진행시킨단다. 이것을 '어드밴티지 룰'이라고 하지."

"어드밴티지는 우리말로 이익이 되는 것, 즉 장점이라는 뜻이잖아요. 그러니까 어드밴티지 룰은 이익이 되는 규칙이라는 뜻이겠네요."

"브라보 말이 맞아. 그래서 영어를 잘 알면 스포츠 용어나 룰도 훨씬 쉽게 익힐 수 있어. 단어의 뜻을 금방 이해하게 되니까. 핸들링이라는 것도 우리말로 해석하면 그 의미를 금방 알 수 있지. 핸들링이란 손으로 뭔가를 다룬다는 뜻이잖아. 그런데 축구는 발로 하는 게임이니까 손으로 공을 터치하게 되면 당연히 반칙이 되겠지."

"골키퍼만 제외하고요. 또 스로인을 할 때도 제외예요."

"우리 바비가 이제 축구 전문가가 다 되었구나."

아빠가 바비의 머리를 쓰다듬어 주었다. 그 모습을 본 브라보가 얼른 아빠 옆으로 다가왔다.

"브라보야, 태클이 뭔지는 잘 알고 있지?"

“상대방의 공격을 막거나 공을 빼앗기 위해서 상대가 가진 공을 차내는 기술이지요.”

“오케이!”

이번에는 아빠가 브라보를 향해 엄지손가락을 치켜세워 보였다.

“그런데 태클도 심하면 반칙이 된단다. 위험하고 무리하게 태클을 한다거나 상대 선수에게 손을 대거나 발을 걸었을 때는 반칙이 선언되지. 양발을 들어 점프하면서 태클을 하거나 상대 선수의 뒤쪽에서 태클을 했을 경우에는 퇴장을 당할 수도 있어.”

“저는 선수들이 태클하는 것을 보면 다칠까 봐 너무 아슬아슬해요. 넘어지면서 미끄러지듯이 태클을 하잖아요. 그럼 발에 밟힐 것 같고, 넘어지면서 다리를 접질릴 수도 있을 것 같아요.”

"바비가 말한 것처럼 미끄러지듯이 넘어지면서 공을 막는 것을 '슬라이딩 태클'이라고 한단다. 슬라이딩 태클을 심하게 하면 부상을 당하거나 상대 선수에게 부상을 입힐 수도 있어. 그런데 모든 태클이 미끄러지듯이 넘어지면서 하는 건 아니야. 선 채로 상대 선수의 정면이나 측면에 서서 발을 이용해 공을 빼앗는 방법도 있지. 이건 '스탠딩 태클'이라고 하는데, 비교적 안전하고 공을 빼앗은 다음에 재빨리 공격으로 전환할 수 있다는 장점이 있어."

"저는 선수들이 슬라이딩 태클은 안 하고 스탠딩 태클만 했으면 좋겠어요. 멋진 선수들이 다치면 너무 안타까워요."

바비는 진심으로 걱정스러운 표정을 짓고 있었다. 브라보는 뭐가 못마땅한지 입술을 비죽 내밀었다.

"브라보야, 왜 그렇게 떫은 감 씹은 표정을 하고 있니?"

"바비 때문에 어처구니가 없어서요. 친오빠인 제 걱정을 저렇게 좀 해 보라고 하세요."

"오빠 지금 질투하는 거야?"

"질투? 됐다, 됐어! 아빠, 빨리 다음으로 넘어가요."

"남들은 자식들이 싸우면 화가 나고 미워진다는데 나는 너희가 티격태격하는 모습이 왜 이리 귀여운지 모르겠다. 하하하."

"으이구, 아빠도 참."

바비가 고개를 절레절레 저었다.

"아빠 자꾸 그러시면 경고예요."

뒷주머니를 뒤적뒤적하던 브라보가 노란색 수첩을 꺼내 보이며 말했다. 네모 모양의 노란 수첩은 진짜 옐로카드처럼 보였다.

"경고? 자꾸 아빠를 골탕 먹이면 나도 못 참지."

아빠도 점퍼 주머니를 뒤적거리기 시작했다. 그러더니 주머니 속에서 빨간 라이터를 꺼내 들었다.

"넌 퇴장이다. 하하하."

"아니, 아빠! 아직도 담배 안 끊으신 거예요? 아빠야말로 퇴장이에요."

바비도 머리에 꽂고 있던 빨간 리본 핀을 빼서 아빠를 향해 내밀었다.

"내가 졌다, 내가 졌어."

아빠는 두 손을 머리 위로 번쩍 들어 올렸다.

"경고를 의미하는 옐로카드는 반스포츠적 행위를 했을 때, 심판에게 거칠게 항의했을 때, 경기 규칙을 계속 위반했을 때, 경기 재개를 지연시켰을 때, 프리킥이나 코너킥 또는 스로인으로 경기를 재개할 때 정해진 거리를 지키지 않았을 때 주어진단다. 또 주심의 허가 없이 경기장에 들어왔을 때나 주심의 허가 없이 경기장을 떠났을 때도 옐로카드를 받아."

"옐로카드를 두 번 받으면 퇴장이지요?"

"그럼. 옐로카드는 경고의 의미인데 그것을 두 번 받았다는 것은 주심의 경고를 받아들이지 않았다는 뜻 아니겠니. 그래서 그때는 퇴장을 의미하는 레드카드를 받게 된단다. 옐로카드를 한 번도 받지 않았더라도 플레이가 너무 난폭하거나 위험할 때, 상대팀 선수에게 침을 뱉었을 때, 상대팀 선수를 모욕했을 때, 일부러 핸들링 반칙을 해서 상대팀의 결정적인 득점 기회를 방해했을 때, 프리킥 또는 페널티킥으로 처벌하여야 할 반칙을 하여 상대팀의 결정적인 득점 기회를 막았을 때는 레드카드를 이용해 선수를 퇴장시키지."

"선수가 퇴장하면 경기는 누가 하고요?"

바비의 질문에 브라보가 껴들었다.

"으이구, 바보. 다른 선수로 교체하면 되지."

"안타깝지만 브라보 얘기는 틀렸단다. 선수가 레드카드를 받아 퇴장을 당하면 그 선수 자리는 채울 수 없어. 한 명이 퇴장 당하면 나머지 10명으로 경기를 치러야 하고, 두 명이 퇴장 당했다면 9명으로 경기를 치를 수밖에 없지. 이런 식의 예외는 있어. 경기를 진행하는 데 없어서는 안 될 선수가 퇴장을 당했다면 그 포지션에 알맞은 선수를 보강하기 위해 경기를 뛰고 있는 선수 중 한 명을 빼고 그 포지션을 담당할 선수를 넣는 거지. 예를 들어 골키퍼가 퇴장을 당했다고 생각해 보렴. 당연히 경기를 제대로 치를 수 없겠지. 이럴 경우 다른 선수 중에서 한 명을 빼고 골키퍼로 교체하는 거야."

"어떤 선수가 퇴장 당한 다음 교체 선수가 경기장으로 뛰어 들어가는 걸 본 적이 있거든. 그래서 내가 헷갈린 거지."

브라보가 서둘러 변명했지만 바비는 전혀 믿기지 않는 듯 의심의 눈초리를 보냈다.

"그런 구차한 변명은 그만 듣고 빨리 축구 경기를 보러 가고 싶다. 선수들의 그 활기찬 플레이, 그리고 화려한 골 세리머니……. 정말 생각만 해도 짜릿해. 특히 선수들이 윗옷을 벗어 던지고 세리머니하는 모습을 보면 내 심장이……."

바비는 손을 가슴 위에 모은 채 말을 다 잇지 못하고 얼굴을 붉혔다.

"하지만 바비야, 사실 그것도 반칙 요소 중 하나란다. 선수들이 골 세리머니를 지나치게 하면 경고를 받을 수도 있어. 윗옷을 벗거나, 담장 위에 올라가거나, 혐오스러운 제스처를 취하는 건 경고를 받을 수 있는 행동이야."

"하지만 골 세리머니하다가 경고 받은 선수는 한 번도 보지 못했는걸요."

"아무래도 골을 넣으면 선수들이 들뜨고 흥분한다는 것을 심판도 잘 알기 때문에 적당히 봐주는 거지."

"봐주지 않았으면 좋겠는데요. 저는 선수들이 골 넣은 다음에 윗옷 벗는 게 제일 싫어요. 근육 자랑하는 것도 아니고."

"선수들의 근육이 부러운 거구나. 그럼 선수들의 근육을 미워할 게 아니라 오빠의 근육을 키울 생각부터 해."

바비가 혀를 날름 내밀었다. 브라보는 속이 부글부글 끓었지만 아무렇지 않은 척 천연덕스럽게 웃었다.

어느덧 저녁노을이 하늘을 빨갛게 물들이고 있었다. 아빠와 브라보, 바비는 맛있는 저녁밥을 상상하며 집으로 향했다.

잠깐만 기다려!

세계 3대 축구 리그

프리미어리그, 세리에 A, 프리메라리가

· 잉글랜드의 프리미어리그

잉글랜드의 축구 리그는 프로리그, 세미프로리그, 아마추어리그로 나뉘는데, 프로축구 1부 리그를 프리미어리그라고 부른다. 보통 8월에 시작해 다음해 5월까지 계속되는 프리미어리그에서는 총 20개의 클럽이 홈앤드어웨이 방식으로 팀당 38경기를 치르게 된다. 각 경기에서 승리하면 3점, 비기면 1점, 패배하면 0점을 얻어 총점이 가장 높은 팀이 우승을 차지한다.

프리미어리그의 최상위 4팀은 유럽축구연맹에서 개최하는 UEFA 챔피언스리그에 참가하며, 중상위 3팀은 UEFA 유로파리그에 참가하게 된다. 또 프리미어리그에 속한 팀들은 최종전 이후 치러지는 FA컵(잉글랜드축구협회챌린지컵, Football Association Challenge Cup)에도 참여하게 된다. 1872년 창설된 FA컵은 프로팀과 아마추어팀을 가리지 않고 잉글랜드축구협회에 속한 모든 클럽들이 실력을 겨뤄 챔피언을 가리는 대회이다. 아마추어팀들끼리 예선을 치르고, 프리미어리그에 속한 팀들은 본선 3라운드인 64강부터 참여하게 된다.

프리미어리그는 정규 시즌이 끝나면 리그를 구성하는 팀에 변동이 생긴다. 1부 리그 하위 3개 팀은 2부 리그로 떨어지고 그 대신 2부 리그의 상위 2개 팀이 1부 리그로 올라오게 된다. 나머지 한 자리는 2부 리그의 3~6위 팀이 플레이오프를 치러 결정한다.

2009~2010년 프리미어리그를 구성한 클럽은 아스널FC, 애스턴 빌라FC, 버밍엄 시티FC, 블랙번 로버스FC, 볼턴 원더러스FC, 번리FC, 첼시FC, 에버턴FC, 풀럼FC, 헐 시티AFC, 리버풀FC, 맨체스터 시티FC, 맨체스터 유나이티드FC, 포츠머스FC, 스토크 시티FC, 선덜랜드AFC, 토트넘 홋스퍼FC, 웨스트 햄 유나이티드FC, 위건 애슬레틱FC, 울버햄튼 원더러스FC이다. 이 중에서 맨체스터 유나이티드FC, 블랙번 로버스FC, 아스널FC, 첼시FC만이 프리미어리그 우승컵을 차지했다.

세계에서 가장 오래된 리그인 프리미어리그는 전 세계에서 가장 많은 축구 팬이 시청하는 스포츠 리그이며 가장 많은 돈을 벌어들이는 리그로 손꼽힌다. 특히 우리나라 박지성 선수가 활약하고 있는 맨체스터 유나이티드FC는 국내 축구 팬들의 뜨거운 관심과 성원을 받고 있다.

· 이탈리아의 세리에 A

이탈리아 축구 리그는 세리에 A, 세리에 B, 세리에 C1, 세리에 C2로 구성되어 있다. 이 중에서 세리에 A는 가장 상위 리그인 이탈리아 프로 축구 1부 리그를 가리킨다. 2009~2010년 시즌에는 아탈란타BC, AS바리, 볼로냐FC, 칼리아리 칼초, 칼초 카타니아, AC키에보 베로나, AC피오렌티나, 제노아CFC, 인터 밀란, 유벤투스FC, SS라치오, AS리보르노 칼초, AC밀란, SSC나폴리, US팔레르모, 파르마FC, AS로마, UC삼프도리아, AC시에나, 우디네세 칼초 등 20개 클럽으로 구성되어 있었다.

세리에 A 역시 20개 팀이 홈앤드어웨이 방식으로 총 38경기를 치러 승리하면 3점, 비기면 1점, 패배하면 0점을 얻게 된다. 승점이 가장 높은 팀이 우승을 차지하며, 정규 시즌이 끝나면 1부 리그 하위 3팀과 2부 리그 상위 3팀이 서로 자리를 바꾸게 된다. 경기는 8월부터 다음 해 5월까지 이어진다.

세리에 A에서 10번 우승한 팀은 클럽 문장 위에 금색의 별을 부착할 수 있다. 2010년 현재 별을 단 팀은 유벤투스FC, AC밀란, 인터 밀란뿐이다. 그중에서 유벤투스는 총 25회 우승을 차지해 두 개의 별을 달고 있다. 그러나 유벤투스는 2006년 승부 조작 사건으로 세리에 B로 강등되기도 했다.

· 스페인의 프리메라리가

스페인의 프로축구는 1부 리그인 프리메라리가, 2부 리그인 세군다디비시온 A, 3부 리그인 세군다디비시온 B, 4부 리그인 테르세라디비시온으로 이루어져 있다.

이 중에서 1부 리그인 프리메라리가에는 아틀레티코 마드리드, 아틀레틱 빌바오, CA오사수나, CD테네리페, FC바르셀로나, 헤타페CF, 말라가CF, 라싱 산탄데르, 데포르티보 라 코루냐, RCD에스파뇰, 레알 마요르카, 레알 마드리드, 레알 바야돌리드, 레알 사라고사, 세비야FC, 스포르팅 히혼, UD알메리아, 발렌시아CF, 비야레알CF, 세레즈CD 등 20개 클럽이 참여하고 있다. 이 중에서 레알 마드리드, FC바르셀로나, 발렌시아CF가 강팀으로 꼽힌다.

프리미어리그나 세리에 A와 마찬가지로 20개 팀이 홈앤드어웨이 방식으로 팀당 38경기를 치르고, 승리하면 3점, 비기면 1점, 패배하면 0점을 얻게 된다. 승점이 같은 경우에는 어웨이 경기에서 더 많이 승리한 팀에게 가산점을 준다. 정규 리그가 끝나면 하위 3개 클럽이 2부 리그로 떨어지고 2부 리그의 상위 3개 클럽이 그 자리를 채운다.

4

여러 가지 전술

"아빠, 그게 뭐예요?"

약속 시간보다 30분이나 늦게 집에 도착한 아빠는 어디서 구했는지 자신의 덩치보다 두 배쯤 큰 칠판을 들고 오느라 진땀을 빼고 있었다.

"그거 준비하시느라 늦으신 거예요?"

브라보가 얼른 달려가 아빠를 거들었다.

"그래, 오늘은 이게 꼭 필요할 것 같아서."

"학교도 아니고 학원도 아닌데 웬 칠판?"

"오늘 알려줄 내용은 말로만 해서는 안될 것 같아서 말이야. 직접 그림을 그리면서 설명해 주고 싶은데 공책이나 스케치북으로는 부족할 것 같아서 준비했다."

아빠는 칠판을 내려놓으며 한숨을 내쉬었다. 이마에는 땀이 송골송골 맺혀 있었다.

"아빠, 그럼 우리한테 도와 달라고 하지 그러셨어요. 밖에서부터 같이 들고 왔으면 좋았을 텐데."

바비가 옷소매로 아빠의 이마에 맺힌 땀을 닦아 주었다.

"그런데 아빠, 오늘은 공터에 안 나가요?"

브라보가 아빠의 어깨를 주무르며 물었다.

"응. 오늘은 집 안에서 조용히 이야기 나누는 게 좋을 것 같구나. 축구의 여러 가지 전술에 대해 이야기하려고 하는데, 밖으로 나가면 오히려 산만할 것 같아. 그냥 이 칠판만 있으면 돼."

어느 정도 숨을 고른 아빠가 분필을 들고 칠판 앞에 섰다.

"자, 오늘은 축구의 포지션과 몇 가지 중요한 전술에 대해 이야기해 보자. 지난번에 미드필더가 하는 일에 대해 자세히 알려줄 거라고 했지? 그게 바로 오늘이야."

아빠는 네모 모양의 축구장 안에 선수들의 위치를 그려 넣었다.

"여기는 골키퍼 자리야. 골포스트 앞에 서서 상대팀의 슛을 직접 막아 내지. 골키퍼는 다른 선수들과 색깔과 모양이 다른 유니폼을 입어."

브라보와 바비는 골키퍼의 모습을 떠올려 보았다. 듬직한 몸집에도 날렵하게 움직이던 골키퍼는 확실히 다른 선수들과 구별되는 독특한 유니폼을 입고 있었다.

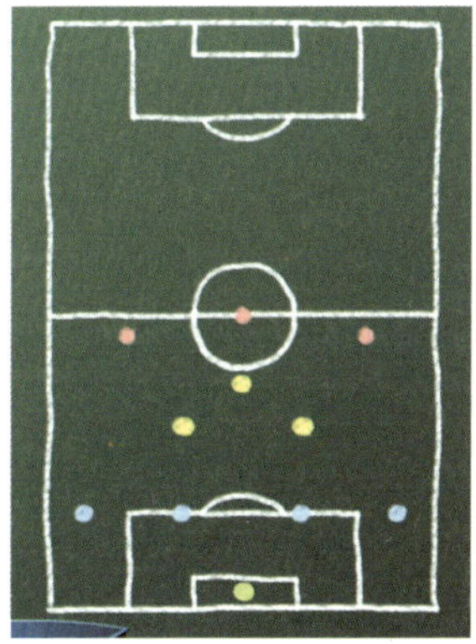

"수비수들은 상대팀 공격수들을 막아야 하니까 보통 중앙선 뒤에 남아 있어. 그런데 키가 큰 수비수들은 코너킥이나 프리킥을 할 때 최전방까지 가서 공격을 하기도 한단다. 아무래도 키가 큰 선수가 헤딩하는 데 유리하니까. 중앙선 너머 상대팀 골포스트와 가장 가까운 곳에는 공격수들이 선단다. 공격수의 주된 역할이 뭐겠니? 당연히 골을 넣는 거잖아. 그러니까 골포스트 가까운 곳에서 상대팀 수비수들과 겨루는 거지."

아빠는 손가락으로 하나하나 가리키며 자세히 알려 주었다.

"공격수와 수비수 사이에 있는 이 많은 선수들은 누굴까?"

"미드필더요!"

브라보가 한발 빨랐다. 바비는 아쉬운 표정을 지으며 브라보를 흘겨보았다.

"미드필더에는 공격형 미드필더와 수비형 미드필더가 있다고 했던 것도 기억하지?"

“네, 물론이에요. 그런데 아빠, 보통 수비수는 몇 명이고 공격수는 몇 명인가요? 그리고 미드필더는 보통 몇 명이에요?”

브라보가 궁금증 가득한 눈빛으로 물었다.

“오늘 바로 그 이야기를 하려고 한단다. 공격수가 몇 명, 수비수가 몇 명이라고 딱 정해져 있는 게 아니라 각 팀의 작전에 따라 선수들의 포지션이 달라지거든.”

아빠는 칠판에 크게 ‘4-3-3’이라고 썼다.

“아빠, 그건 뭐예요? 암호예요?”

바비의 질문에 아빠는 웃음을 터트리고 말았다.

“하하하! 암호? 그래, 무슨 암호 같니? 한번 풀어 보렴.”

“4월 3일 3시? 혹시 엄마랑 처음 만나 데이트한 날?”

“하하하. 우리 바비의 상상력은 정말 대단하구나.”

“저요, 저요! 혹시 시골의 어느 도로 이름?”

“브라보의 상상력도 만만치 않은걸?”

한참을 고민하던 브라보와 바비는 결국 답을 찾지 못하고 아빠에게 도움을 요청했다.

“뭔지 감이 잘 안 오나 보구나. 오늘은 축구 전술에 대해 이야기하는 날이잖니. 이건 바로 공격과 수비의 전술 형태야. ‘4-3-3’이라고 하면 수비진에 4명, 미드필더진에 3명, 공격진에 3명이 위치한다는 뜻이야. 수비진에 4명이 서면 '포백'이라고 하고 수비진에 3명이 서면 '스리백'이라고 한단다.

포백 시스템에서는 두 명의 센터백(중앙수비수)이 중앙의 수비를 맡고 양쪽에서 사이드백(측면수비수)이 상대팀의 크로스나 돌파를 저지하는 임무를 맡게 되지. 조금 더 올라가서 미드필더진을 볼까? 두 명의 수비형 미드필더는 여기, 한 명의 공격형 미드필더는 여기서 게임을 풀어 나가지. 공격진에서는 센터포워드(중앙공격수)를 중심으로 양쪽 윙, 즉 레프트윙과 라이트윙이 부지런히 움직이며 득점 기회를 만들어 낸단다. 이 시스템에서는 양쪽 윙의 역할이 아주 중요해. 주요 공격 루트가 되거든. 양쪽 윙은 스피드와 지구력, 돌파력을 갖추고 있어야 하지.

그런데 선수들은 경기 내내 정해진 자리에만 있는 게 아니야. 수비수가 상대편 진영으로 치고 올라가서 공격에 가담하기도 하고 공격수가 수비에 가담하기도 한단다. 그 대신 빈 자리는 다른 선수들이 메워 주어야 하지."

"그렇군요. 다른 전술은 없나요?"

브라보가 엉덩이를 들썩이며 아빠를 재촉했다.

"4-5-1 시스템이라는 것도 있어. 이 전술 역시 수비진이 4명으로 포백 시스템이야. 두 명의 센터백과 두 명의 사이드백이 수비를 담당하지. 그런데 4-3-3 시스템에서 양쪽 윙을 담당했던 공격수들이 없고 왼쪽 미드필더와 오른쪽 미드필더가 경기를 풀어 간단다. 그러니까 미드필더가 총 5명이 되는 거지. 5명의 미드필더는 공격과 수비를 아우르며 큰 활약을 하게 돼.

이 시스템은 원톱으로 공격에 나서는 공격수, 즉 스트라이커의 역량이 아주 뛰어나야 효과를 제대로 발휘할 수 있어. 또 원톱을 뒤에서 받쳐 주는 미드필더진이 부지런히 움직이며 좋은 기회를 만들어야 하지. 중거리 슛이 정확한 미드필더들은 원톱의 뒤를 받쳐 주면서 득점 기회를 노리기도 한단다. 특히 공격형 미드필더는 때때로 스트라이커의 역할을 대신할 수 있을 만큼 슛이 정확해야 하고, 전체 공격을 이끌어 나갈 수 있는 넓은 시야도 갖고 있어야 하지."

아빠는 설명이 끝나자 칠판에 그린 것을 깨끗이 지웠다. 다음 전술에 대한 기대감으로 브라보와 바비의 눈이 반짝반짝 빛났다.

"이번에는 4-4-2 시스템에 대해 알아볼까?"

"이것도 포백 시스템이네요."

바비가 아는 것이 나오자 신이 났는지 얼른 대답했다.

"그래, 이 수비 형태에서는 양쪽 사이드백이 상대팀의 윙들을 막고 한 명의 센터백은 그 뒤를 받쳐 주지. 나머지 센터백은 상대팀의 센터포워드를 막게 된단다."

"중간에 있는 '4'는 미드필더를 맡는 선수의 수를 말하지요?"

바비에게 질 수 없다는 듯 브라보도 끼어들었다.

"그렇지! 4-4-2에서는 미드필더 중 한 선수가 중앙에서 수비형 미드필더 역할을 하고 공격형 미드필더와 왼쪽 미드필더, 오른쪽 미드필더는 공격에 가담하게 된단다. 그런데 공격수를 보렴. 두 명의 스트라이커가 있지? 두 명의 스트라이커가 중앙 공격을 담당하는 것을 '투톱'이라고 하지. 두 명의 스트라이커에 미드필더 세 명이 공격을 도우니 이 전술을 사용하는 팀은 아주 공격적인 경기를 펼치게 되지.

하지만 4-4-2 시스템이 수비형으로 사용될 때도 있어. 이때는 중앙에 수비형 미드필더가 2명 배치된단다. 그리고 나머지 선수 2명이 양쪽 미드필더를 담당하면서 공격에 가담하지."

아빠는 긴 설명에 목이 타는지 잠시 분필을 내려놓고 부엌으로 가서 냉수를 벌컥벌컥 들이켰다. 그러고는 바로 돌아와 다음 설명을 이어 나갔다.

"이번에는 3-5-2 시스템! 자, 드디어 3명의 수비수가 수비를 담당하는 스리백 시스템이 나왔구나. 여기에서는 한 명의 센터백과 레프트풀백, 라이트풀백이 수비를 담당하게 된단다."

"아까는 측면수비수를 그냥 사이드백이라고 불렀는데 명칭이 좀 다르네요."

"이야, 우리 브라보의 관찰력이 아주 예리하구나."

"그 뛰어난 관찰력을 과학 공부할 때 활용하면 얼마나 좋을까?"

아빠의 칭찬에 샘이 난 바비가 뾰로통하게 말했다.

"3-5-2 시스템에서는 5명의 미드필더가 활약하게 되는데, 공격에 치중하는지 수비에 치중하는지에 따라 미드필더의 위치와 역할이 달라져. 공격은 두 명의 스트라이커가 전면에 나서는 투톱 시스템이 되겠고."

아빠는 다시 한 번 칠판을 깨끗이 지웠다. 아빠의 설명이 끝나기만을 기다리던 브라보가 나섰다.

"아빠, 그럼 혹시 3-4-3 시스템도 있나요?"

"있어. 어떻게 알았니?"

"그냥 찍었는데요. 왠지 있을 것 같아서요. 히히히."

"그럼 그렇지. 내가 그럴 줄 알았다니까."

바비가 새침하게 말했다.

"3-4-3 역시 수비는 스리백 시스템이야. 미드필더진은 좀 눈여겨볼 필요가 있어. 중앙에 있는 두 명의 미드필더는 공격형 미드필더와 수비형 미드필더의 역할을 모두 하게 된단다. 공격할 때는 센터포워드와 양쪽 윙에게 패스를 해 주고, 때로는 자신이 직접 돌파하여 득점 기회를

만들기도 하지. 그러면서 수비할 때는 얼른 후퇴해서 수비 진영을 갖춰야 해. 엄청난 지구력을 요하는 포지션이지."

"여기저기 뛰어다니려면 무척 힘들겠어요."

브라보를 약 올리던 바비의 얼굴이 안타까움으로 가득 찼다.

"두 명의 윙백은 측면수비수이긴 하지만 공격에 조금 더 중점을 둔 수비수들이란다. 윙백은 수비를 하다가 언제든지 공격 진영으로 올라가서 공격에 가담하지. 본래 자신의 위치보다 위로 올라가서 공격하는 것을 오버랩이라고 하는데, 윙백들은 오버랩 공격을 자주 한단다."

"윙백을 담당하는 선수들도 힘든 건 마찬가지겠네요."

바비가 눈살을 찌푸리며 한숨을 내쉬었다.

"양쪽 윙도 열심히 뛰어다녀야 해. 3-4-3 시스템에서 공격을 풀어 나가는 게 바로 양쪽 윙이거든. 빠르게 측면 돌파를 해서 상대편의 수비 진영을 흔들고 센터링이나 스루 패스를 해서 센터포워드에게 득점 기회를 만들어 줘야 하지. 역습을 당했을 때는 빠르게 후퇴해서 수비를 돕기도 하니까 그야말로 동에 번쩍 서에 번쩍이란다."

"한마디로 모든 선수들이 경기 내내 발바닥에 땀이 날 정도로 열심히 뛰어 다녀야겠네요."

브라보가 흥분된 목소리로 말했다.

"그래, 브라보의 정리가 아주 깔끔하구나. 보통 '토탈사커'라고 하면 전원 공격, 전원 수비를 말하는데, 전문가들은 바로 이 3-4-3 시스템을 토탈사커에 가장 알맞은 형태로 꼽는단다. 실제로 우리나라 축구 선수들이 2002년 한일 월드컵에서 정말 눈부신 활약을 펼치지 않았니. 그 당시 감독이었던 히딩크 감독은 '토탈사커'를 전면에 내세웠는데, 바로 그때 사용한 전술이 3-4-3 시스템이었어."

"그럼 우리나라 축구팀에 가장 알맞은 시스템은 3-4-3이에요? 2002년 월드컵 때가 최고였잖아요. 케이블 TV에서 여러 번 반복해서 봐도 정말 예술이던데요."

브라보는 선수들의 화려한 플레이를 떠올리며 잠시 감상에 젖었다. 축구 경기를 볼 때마다 선수들의 놀라운 움직임을 보면서 도대체 얼마나 연습하고 땀 흘려야 저런 실력을 갖출 수 있을지 신기해 하곤 했다.

"꼭 그렇다고는 볼 수 없어. 왜냐하면 그 시스템을 소화할 수 있는 적당한 선수가 있어야 전력을 최대한으로 끌어올릴 수 있으니까. 그래서 세계 각국의 축구 대표팀이 서로 다른 전술을 사용하는 것 아니겠니. 그때그때 선수 구성에 맞춰 전술을 짜다 보면 그럴 수밖에 없지."

브라보와 바비가 고개를 끄덕였다.

"그럼 전술에 대해서는 모두 알려 주신 거예요?"

"아니. 이것 말고도 전술은 아주 다양해. 1-4-4-1, 3-4-1-2 시스템과 같은 전술도 있지. 변형된 전술도 많아. 오늘은 많은 팀에서 주로 사용하는 전술을 위주로 알려 준 거야. 일일이 다 이야기하다가는 오늘 하루, 아니 일주일이 걸릴지도 모르는 일이지"

그때 브라보가 뭔가 떠오른 듯 물었다.

"그런데 아빠, 2002년 월드컵 경기를 계속 보다 보니까 궁금한 점이 하나 생겼어요."

"뭔데? 말해 보렴."

"그 당시 대표팀에서 활약했던 홍명보 선수에게 자꾸 '스위퍼'라는 말을 쓰던데, 그건 대체 뭐예요? 포지션을 말하는 것 같은데 수비수도 아니고 공격수도 아니고 미드필더도 아니고……."

"하하하. 우리 브라보가 정말 열심히 중계방송을 봤구나. 혹시 홍명보 선수에게 '리베로'라고 하지는 않더냐?"

"맞아요. 그렇게도 말하더라고요."

"스위퍼는 영어로 'Sweeper'라고 쓰는데, 우리말로 하면 청소부라는 뜻이야. 스위퍼는 골키퍼를 제외한 선수들 가운데 가장 아래쪽에서 다른 수비수들을 지휘하면서 최종 수비를 하는 선수를 말해. 그런데 스위퍼는 전형적인 수비수의 역할보다는 경기 전체의 흐름을 파악하면서 공격에까지 적극적으로 가담하기 때문에 시야가 넓고 노련하며 경기를 읽는 능력이 뛰어난 선수가 맡게 되지. 리베로는 스위퍼와 같은 의미야. 단지 스위퍼가 '청소부'라는 뜻이라면 리베로는 '자유'라는 뜻의 이탈리아어라는 차이가 있을 뿐이지."

"아, 그러니까 우리나라가 2002년 월드컵에서 3-4-3 시스템을 사용했을 때 홍명보 선수가 중앙수비수 역할을 맡으면서 자유롭게 공격에도 가담해서 스위퍼라고 불렸던 거군요."

아빠는 엉킨 실타래를 풀어 나가 듯, 축구에 대해 하나하나 알아가는 아이들이 기특했다.

"오늘 알려 주신 건 정말 재미있었어요. 사실 처음에는 집안에서 칠판에 써 가며 공부한다고 해서 싫었거든요. 학교 수업 같아서요. 그런데 막상 배우고 보니 시간 가는 줄 모르겠더라고요."

바비가 수줍게 고백했다.

"그런데 아빠, 제가 만약 축구 선수가 되면 이 전술을 사용해 보려고 하는데, 한번 봐 주시겠어요?"

브라보가 칠판 앞에 서서는 뭔가 열심히 그리기 시작했다. 아빠는 은근히 기대가 되어 칠판을 유심히 바라봤다.

"그게 뭐야?"

칠판의 그림을 본 바비가 어이없다는 듯이 물었다.

"이건 바로 '9-1' 시스템이야."

"그러게. 그런데 그게 대체 무슨 전술이냐고."

"내가 공격수인데, 다른 선수들은 모두 수비에 가담하면서 나에게 득점 기회를 만들어 주고, 공격은 나만 할 수 있는 거지. 보통 공격수가 주목을 받고 인기도 제일 많잖아. 헤헤헤."

아빠와 바비는 어이가 없어 한동안 말을 잇지 못하고 신나게 웃는 브라보만 쳐다보고 있었다. 한참 브라보를 쳐다보던 바비가 새침하게 쏘아붙였다.

"그런 전술로 경기에 임했다가는 어느 대회를 나가든 꼴등을 맡아 놓고 하겠네."

"뭐야! 그렇게 심하게 말해야겠냐? 그냥 웃자고 한 소리인데."

"하나도 안 웃기고 기가 막히기만 하네."

바비는 브라보에게 혀를 날름 내밀고는 냅다 도망을 쳤다. 민망함을 참을 수 없게 된 브라보는 바비를 잡으려고 혈안이 되어 쫓아갔다. 그런 둘의 모습을 아빠는 흐뭇하게 바라보고 있었다.

잠깐만 기다려!

월드컵의 역사

전 세계인의 축제, 월드컵

월드컵은 FIFA, 즉 국제축구연맹에서 주관하는 세계축구선수권대회을 가리키는 명칭이다. 단 한 종목, 축구를 위한 대회지만 올림픽에 버금가는 인기를 누리고 있다.

월드컵은 4년마다 열리는데, 그 시기는 올림픽 중간 연도이다. 올림픽이 2004년에 열리면 월드컵은 2006년에 열리고, 그 다음 올림픽이 2008년에 열리면 월드컵은 2010년에 열린다. 지역 예선을 통과한 나라는 32강이 겨루는 본선에 출전할 수 있는 자격이 주어지는데, 본선에 진출한 32개 팀은 4팀씩 8개 조를 이루어 경기를 치러 16강전에 진출할 나라를 가려낸다.

제1회 대회는 1930년, 당시 축구 최강국이었던 남아메리카의 우루과이에서 열렸다. 우승팀은 우루과이, 준우승팀은 아르헨티나였으며 미국이 3위를 차지했다.

제2회 대회는 1934년 이탈리아에서 개최되었다. 원래는 스웨덴이 제2회 월드컵을 개최하기로 하였으나 경제난 때문에 경기장 건설이 어려워지자 개최를 포기하였고, FIFA는 이탈리아를 개최지로 정했다. 1회 대회가 성공적으로 치러지면서 2회 대회부터는 참가국이 늘어나 지역 예선을 실시하여 본선에 진출할 16개국을 뽑았다. 이 대회에서는 이탈리아가 우승을 차지하고 체코슬로바키아가 준우승, 독일이 3위를 차지했다.

제3회 대회 개최지는 프랑스였다. 이 대회부터 개최국과 지난 대회 우승국은 자동으로 본선에 진출한다는 규정이 생겨 프랑스와 제2회 우승국인 이탈리아는 지역 예선을 거치지 않고 자동으로 본선에 진출했다. 이탈리아는 2회에 이어 3회에서도 우승하면서 대회 2연패를 차지했고, 헝가리와 브라질이 그 뒤를 이어 각각 2, 3위를 기록했다.

제4회 대회는 제2차 세계대전으로 인해 12년 만인 1650년 브라질에서 열렸다. 우루과이가 1회 대회에 이어 2번째로 우승했으며, 개최국이었던 브라질이 준우승, 스웨덴이 3위를 차지했다. 축구 종주국인 잉글랜드는 그동안 참가를 거부하다가 4회 대회에 처음 참가했는데, 많은 축구 팬의 기대와는 달리 결승에 진출하지 못한 채 탈락했다.

제5회 대회는 1954년 스위스에서 열렸으며, 서독(지금의 독일)이 우승을 차지했다. 준우승은 헝가리, 3위는 오스트리아가 차지했다. 대한민국 대표팀은 최초로 월드컵 본선 무대에 올랐으나 세계 축구와 큰 수준차를 보이며 터키와 헝가리에 큰 점수차로 패배했다.

제6회 대회는 1958년 스웨덴에서 열렸다. 우승은 브라질, 준우승은 스웨덴, 3위는 프랑스가 차지했다. 유럽 대륙에서 벌어진 월드컵 대회에서 최초로 남아메리카 국가인 브라질이 우승을 차지했다는 기록을 남겼으며, 축구황제 펠레가 17세 나이로 월드컵 무대에 등장한 대회이기도 했다.

제7회 대회는 1962년 칠레에서 개최되었다. 브라질 우승, 이탈리아 준우승이었으며 체코슬로바키아가 3위를 차지했다. 제8회 대회는 1966년 잉글랜드에서 개최되었는데, 개최국 잉글랜드가 우승, 서독이 준우승, 포르투갈이 3위를 차지했다. 이 대회에서 전 대회 우승국인 브라질은 1회전에서 탈락하는 고배를 마신 반면, 본선에 처음으로 진출한 북한은 이탈리아를 꺾고 8강에 오르는 이변을 일으켰다.

제9회 대회는 1970년에 멕시코(브라질 우승, 이탈리아 준우승, 서독 3위)에서, 제10회 대회는 1974년 서독(서독 우승, 네덜란드 준우승, 폴란드 3위)에서 개최되었다. 이어 제11회 대회는 1978년 아르헨티나(아르헨티나 우승, 네덜란드 준우승, 브라질 3위)에서 개최되었고, 제12회 대회는 1982년, 참가국이 기존 16개국에서 24개국으로 늘어난 가운데 스페인(이탈리아 우승, 서독 준우승, 폴란드 3위)에서 개최되었다.

제13회 대회는 1986년에 멕시코에서 두 번째로 치러졌다. 이 대회 우승국은 아르헨티나였으며, 서독이 준우승, 프랑스가 3위를 차지했다. 우리나라는 5회 대회에 이어 32년 만에 다시 한 번 본선에 올랐으나 1무 2패를 기록하며 조별 리그에서 탈락했다. 마라도나의 '신의 손 사건'이 벌어진 것도 바로 이 대회였다.

제14회 대회는 1990년 이탈리아에서 개최되었다. 서독은 뛰어난 감독이자 선수였던 베켄바워를 앞세워 3번째 우승을 차지했고, 아르헨티나와 이탈리아가 그 뒤를 이었다. 우리나라는 세 번째로 본선에 진출했으나 3패를 기록하며 조별 리그에서 탈락했다.

제15회 대회는 1994년 미국에서 개최되었다. 축구 강국이었던 잉글랜드, 우루과이, 덴마크, 프랑스, 체코, 스코틀랜드, 헝가리, 폴란드, 포르투갈, 오스트리아 등이 지역 예선에서 탈락한 가운데 브라질이 승부차기까지 간 접전 끝에 이탈리아를 물리치고 우승을 차지했다. 3위는 스웨덴이 차지했고, 우리나라는 3회 연속 본선에 진출했으나 2무 1패를 기록해 조별 리그에서 탈락했다.

제16회 대회는 1998년 프랑스에서 개최되었다. 참가국이 24개국에서 다시 32개국으로 늘어나 전 대회보다 12경기가 늘어난 64경기가 치러졌다. 이 대회부터 4개국씩 8개 조로 나뉘어 조별 리그를 거친 뒤 각 조 1, 2위 팀이 16강전에 올라 토너먼트로 우승을 가리는 방식이 정착되었다. 프랑스가 우승, 브라질이 준우승, 크로아티아가 3위를 차지했고 우리나라는 4회 연속 본선에 진출한 가운에 1무 2패를 기록해 조별 리그에서 탈락했다.

제17회 대회는 한국과 일본이 공동으로 개최하여 사상 최초로 아시아에서 개최되었다는 것과 사상 최초 공동 개최라는 기록을 남겼다. 우리나라에서 32경기, 일본에서 32경기가 치러졌는데, 독일과 브라질이 일본에서 결승전(브라질 우승, 독일 준우승)을 치르고, 한국과 터키는 우리나라에서 3·4위 결정전(터키 3위, 한국 4위)을 치렀다. 이 대회에서 우리나라는 7전 3승 2무 2패를 기록해 월드컵 첫 승은 물론이고 아시아에서 최초로 4강에 진출하는 기염을 토했다. 붉은악마를 중심으로 한 우리나라의 대규모 응원단은 전 세계의 이목을 끌었다.

제18회 대회는 독일에서 개최되었다. 이탈리아가 우승, 프랑스가 준우승, 독일이 3위를 차지했고, 우리나라는 1승 1무 1패를 기록하였으나 16강 진출에는 실패했다.

환희와 감동의 역사였던 지난 80년간의 월드컵은 세계축구선수권대회라는 명분을 떠나 온 국민이 하나 되어 자국의 축구팀을 응원하고, 전 세계인들이 함께 열광하고 즐기는 화합의 장이었다.

5

심판과 여러 가지 축구 기술

축구 마니아로 다시 태어난 브라보와 바비

따르르릉.

집으로 전화 한 통이 걸려 왔다. 브라보는 얼른 달려가 수화기를 들었다. 수화기에서 잔뜩 들뜬 아빠 목소리가 흘러나왔다.

"좋은 소식을 알려 주마."

"좋은 소식이라뇨? 복권에라도 당첨되셨어요?"

브라보는 여느 때처럼 잔뜩 장난기 어린 목소리로 말했다.

"녀석 참. 아빠에게는 복권 당첨보다 더 기쁜 소식이란다."

"대체 뭔데 그러세요?"

아빠와 브라보가 나누는 대화가 궁금해진 바비도 가까이 다가와 통화 내용에 귀를 기울였다.

"이번 주 토요일 상암동 월드컵 경기장에서 브라질 축구 클럽인

상파울루FC와 우리나라 프로 축구팀 FC서울이 월드축구클럽리그 결승전을 갖는단다. 내가 그 입장권을 구하지 못해 발을 동동 구르고 있었는데, 동료 직원이 표를 예매해 두고는 주말에 일이 생겨 가지 못하게 됐다는구나. 마침 3장을 예매해 두었다고 해서 내가 웃돈까지 얹어 주며 그 표를 샀지. FC서울이라면 아빠가 가장 좋아하는 팀이야. 게다가 월드축구클럽리그 결승전이라니, 정말 꿈만 같구나."

"목소리만 들어도 지금 아빠 기분이 어떤지 알 것 같아요."

어느새 바비가 수화기를 뺏어 들었다.

"너희도 같이 가는 거지?"

"네, 물론이에요. 축구 보러 가는 날을 얼마나 기다렸는데요."

브라보와 바비가 누가 먼저랄 것도 없이 동시에 대답했다.

"그런데 축구를 제대로 즐기려면 알아야 할 것이 더 있는데, 내가 미처 가르쳐 주지 못했구나."

"그럼 빨리 퇴근하셔서 알려 주세요. 오늘이 목요일이니까 이틀 남았잖아요."

"그게 말이야, 아빠가 오늘과 내일은 회사 일 때문에 만나 보아야 할 사람이 있어서 일찍 퇴근할 수 없게 되었구나."

"그럼 어떻게 해요?"

브라보가 아쉬움에 탄성을 내뱉었다. 바비도 속상한지 울상이 되었다.

"그래서 너희가 공부할 내용을 정리해 두었단다. 내가 브라보 메일로 정리한 문서를 보낼 테니 다운로드 받아서 오늘 내일 틈틈이 읽어 보도록 해라. 읽는 것만으로도 충분히 이해할 수 있도록 쉽게 정리해 두었단다."

브라보는 당장 컴퓨터를 켜고 이메일을 확인했다. 아빠 말씀대로 '축구 정보'라는 제목이 달린 메일 하나가 도착해 있었다.

"이거야, 이거."

브라보가 서둘러 클릭했다. 파일을 다운로드 받고 인쇄하는 데 채 1분도 걸리지 않았다.

"자, 2장씩 인쇄했어. 너 하나 나 하나 가지려고."

브라보는 인심 좋은 얼굴로 인쇄된 종이들을 바비에게 건네주었다. 바비는 그 종이를 냉큼 받아들고는 자기 방으로 쏙 들어갔다. 브라보도 방으로 들어가 아빠가 정리한 내용을 읽어 내려가기 시작했다.

축구정보

심판의 역할

: 주심 :

경기 규칙에 대한 모든 권위를 갖고 부심과 함께 경기를 진행해 나간다. 선수들이 규칙을 위반한 경우에는 주심의 재량으로 경기를 멈추거나 끝낼 수 있으며, 선수의 부상, 어드밴티지, 경고와 퇴장, 징계에 대한 권한도 갖는다. 선수뿐만 아니라 적절치 못한 행동을 한 임원들에게도 조치를 취할 수 있고 심할 경우 퇴장을 시킬 수도 있다. 자세히 보지 못해 판단을 할 수 없는 경우에는 부심과 논의하여 결정하게 된다.

: 부심 :

2명으로 이루어지며, 주심의 판정에 복종해야 하지만 반칙이 이루어진 위치가 주심보다 가깝다면 주심에게 충고할 수 있다. 부심이 주로 하는 일은 코너킥, 골킥, 스로인을 어느 팀에서 해야 하는지와 볼이 골라인을 넘었는지, 선수가 오프사이드 반칙을 저질렀는지를 판단하는 일이다. 페널티킥을 할 때 킥이 이루어지기 전에 골키퍼가 움직였는지 여부를 판단하는 것과 선수 교체를 요청하는 것도 부심이 하는 일이다. 선수들의 반칙이나 불법행위를 주심이 보지 못했을 경우 부심이 깃발을 든 뒤 주심에게 알려야 한다.

: 대기심판 :

주심과 부심이 주어진 임무를 계속할 수 없을 때 그 임무를 대신하기 위해 대회 규정에 따라 임명한 심판이다. 만약 주심이 임무를 수행하지 못하게 되었다면 대기심판을 주심으로 할지, 선임 부심을 주심으로 하고 대기심판을 부심으로 할지는 조직위원회에서 결정하게 된다.

주심이나 부심이 미처 발견하지 못한 반칙이나 불법 행위를 대기심판이 발견했을 때는 반드시 주심에게 알리도록 되어 있다. 대회 규정에 의해 예비 부심이 임명되어 있다면 대기심판은 따로 필요 없다.

킥

킥은 발로 공을 차는 것으로, 축구에서 가장 기본이자 가장 중요한 기술이라고 할 수 있다. 발의 어느 부위로 공을 차느냐에 따라 날아가는 볼의 속도와 방향이 달라진다. 킥의 종류는 아래와 같이 다양하다.

발리킥 : 날아오는 공이 땅에 닿기 전에 발로 차는 것이다.

오버헤드킥 : 몸이 완전히 공중에 뜬 상태에서 자기 머리 뒤로 공을 차서 넘기는 것으로, 볼이 높이 떠올랐을 때 트래핑할 시간이 없다면 오버헤드킥을 시도하게 된다.

드롭킥 : 볼이 땅에서 튀어오르는 순간에 발로 차는 것이다.

인사이드킥 : 발 안쪽으로 볼을 차는 것이다.

아웃사이드킥 : 발 바깥쪽으로 볼을 차는 것이다.

인프런트킥 : 발의 안쪽 엄지발가락 부분을 이용하여 볼을 차는 것을 말하며, 주로 슈팅이나 크로싱을 할 때 사용한다. 비교적 정확하고 자유롭게 볼을 컨트롤할 수 있다는 장점이 있다.

아웃프런트킥 : 발등 바깥쪽으로 볼을 차는 것을 말하며, 정확성은 인프린트킥에 비해 떨어지나 예상외의 패스나 슛이 나올 가능성이 있다.

인스텝킥 : 발등 전체를 이용해 볼의 한가운데를 차는 방법으로 강하게 슈팅하거나(인스텝슈팅), 빠르게 멀리 패스할 때(인스텝패스) 많이 사용된다.

토킥 : 발끝으로 볼을 차는 것을 말한다.

힐킥 : 발뒤꿈치로 볼을 차는 것을 말한다.

잽킥 : 발을 휘두르지 않고 볼을 날카롭게 때려 차는 것이다.

촙킥 : 볼 아래 부분에 발끝을 찔러 넣듯이 차서 스핀이 들어가게 하는 킥이다.

칩킥 : 볼 아래 부분을 깎아 차서 상대방의 머리 위로 넘기는 것이다.

시저스킥 : 우리말로 하면 가위차기로, 왼발과 오른발을 엇갈리면서 볼을 차는 것이다.

트래핑

손을 제외한 신체의 여러 부분을 이용해 날아오는 볼을 멈추고 다루는 기술을 말한다. 트래핑은 다음 동작으로 이어지는 아주 중요한 기술이다. 날아오는 공의 높이와 속도, 방향 등에 따라 트래핑하는 부위가 달라진다.

풋 트래핑 : 발로 볼을 받아서 다루는 것이다. 발 바깥쪽

으로 볼을 다루는 아웃사이드 트래핑, 발 안쪽으로 볼을 다루는 인사이드 트래핑, 발등으로 볼을 다루는 발등 트래핑, 발바닥으로 볼을 다루는 발바닥 트래핑 등이 있다.

가슴 트래핑 : 가슴으로 볼을 받아 다루는 것이다.

헤드 트래핑 : 머리로 볼을 받아 다루는 것이다.

넓적다리 트래핑 : 넓적다리로 볼을 받아 다루는 것이다.

헤딩

헤딩은 공중으로 떠오른 공을 머리로 치는 기술로, 다른 선수가 센터링한 공을 슛으로 연결한다든지 공의 방향을 바꾸고자 할 때 주로 이용한다.

공이 이마 중앙이나 머리 앞쪽에 맞아야 원하는 방향으로 정확히 공을 보낼 수 있으며, 빠른 속도로 날아오는 공에 부상을 입지 않으려면 턱을 안쪽으로 당기고 목에 힘을 주어야 한다.

헤딩은 높이 점프해야 상대팀 선수를 따돌리고 성공할 확률이 높기 때문에 점프력이 좋은 선수나 키가 큰 선수가 유리하다. 속도와 방향을 정확히 예측해 볼이 낙하하는 지점을 판단하는 것도 중요하다.

헤딩의 종류도 여러 가지이다.

스탠딩 헤딩 : 서 있는 상태에서 헤딩하는 것이다.

점핑 헤딩 : 점프하면서 헤딩하는 것으로, 경기 중 가장 흔히 볼 수 있는 헤딩의 형태이다.

다이빙 헤딩 : 허리 높이 정도로 낮게 날아오는 공을 넘어지면서 헤딩하는 것이다.

드리블

드리블은 발을 이용하여 공을 몰아가는 기술이다. 볼을 차고 가다가 갑자기 멈추는 동작, 볼을 정지시킨 후 갑자기 움직여 수비 선수를 제치는 동작, 상대팀 선수를 향해 정면으로 달리다가 상대팀 선수가 태클을 하려고 할 때 볼을 슬쩍 옆으로 보내 상대팀 선수를 제치는 동작, 상대팀 선수를 피하기 위해 볼을 뛰어넘는 동작, 상대팀 선수를 돌파하려는 듯 하다가 갑자기 볼을 발바닥으로 잡아당겨 방향을 반대편으로 바꾸는 동작 등이 모두 드리블의 기술에 속한다.

그밖에 알아두면 좋을 축구 용어들

골게터 : 득점 능력이 뛰어난 선수를 말한다.

스루 패스 : 상대팀 선수들 사이로 패스하는 것이다.

레퍼리 : 주심을 가리키는 말이다.

백 슛 : 뒤로 돌아서면서 차는 슛이다.

클린 슛 : 강하고 훌륭한 슛을 가리키는 말이다.

스크린플레이 : 상대팀 선수를 자신의 등 뒤에 두고 같은 팀 선수에게 패스를 하거나, 상대팀 선수를 등진 채로 재빨리 돌아서 드리블하는 것이다.

인터셉트 : 상대팀 선수가 패스하거나 드리블하는 볼을 도중에 빼앗는 것이다.

피스팅 : 골키퍼가 공을 받을 수 없는 상황일 때 주먹으로 볼을 쳐서 보내는 것이다.

해트트릭 : 한 선수가 혼자서 한 경기에 3골을 넣은 경우를 말한다. 한 선수가 한 경기에 6골을 넣었다면 더블 해트트릭이라고 한다.

잠깐만 기다려!

역사에 길이 남을 축구 선수

역대 최고의 선수는 누구?

· 축구황제, 브라질의 펠레

화려한 테크닉으로 축구 수준을 한 단계 높인 펠레는 역대 최고의 축구 선수로 꼽힌다. 축구를 잘 모르는 사람들도 최고의 축구 선수라고 하면 펠레를 떠올릴 정도로 펠레는 축구를 상징하는 인물이다.

키 177.9cm, 몸무게 75.6kg으로 보통 체격임에도, 강하고 정확한 킥과 상대팀의 움직임을 미리 읽고 움직이는 넓은 시야를 바탕으로 브라질 축구 대표팀이 1958년, 1962년, 1970년, 3회에 걸쳐 월드컵 우승컵을 차지하는 데 큰 공헌을 했다.

1956년 9월, 만 15세의 나이로 산투스FC에서 처음 데뷔 무대를 가진 후 다음 해에 정식 1군 멤버가 된 펠레는 그해 리그 득점왕을 차지하며 브라질 대표팀에 뽑혔다. 1958년, 그러니까 만 17세 때 펠레는 스웨덴 월드컵에 참가했다. 처음에는 주전 공격수가 아니었으나 브라질이 조별 리그 2차전에서 잉글랜드와의 졸전 끝에 0대 0으로 비기자, 조별 리그 마지막 경기인 웨일스와의 경기에서 펠레가 공격수로 나서 첫 득점을 올렸다. 이 득점은 월드컵 대회 최연소 나이(17세 239일)로 기록한 골이다.

프랑스와의 4강전에서는 해트트릭까지 기록하며 프랑스를 5대 2로 누르는 데 결정적인 역할을 했다. 펠레가 이날 기록한 해트트릭은 월드컵 대회 역사상 최연소 기록(17세 244일)이었다.

스웨덴과의 결승전에서는 2골을 기록하며 브라질에 우승컵을 안겨 주었다. 17세의 펠레는 이 월드컵을 통해 브라질의 영웅으로 거듭났다.

1962년 칠레 대회에서는 조별 리그에서 부상을 당하며 많은 활약을 보이지 못했으나, 브라질이 대회 2연패를 달성하자 함께 승리의 기쁨을 맛보았다. 그러나 1966년 잉글랜드 대회에서 상대팀의 거친 수비로 인해 부상을 당한 데다가 브라질 팀이 조별 리그에서 탈락하자 다시는 월드컵에 참가하지 않겠다고 선언하기도 했다. 그러나 브라질 국민들의 염원과 응원에 힘입어 1970년 멕시코 대회에 출전하게 되었고, 이 대회에서 브라질 팀에 다시 한 번 우승을 안기며 MVP로 뽑혔다.

10번이 달린 유니폼을 입고 그라운드를 누비던 펠레는 이미 축구황제를 넘어서 축구의 신으로 사람들 기억 속에 남아 있다. 1978년 국제평화상을 받고 1980년 금세기의 운동선수로 선정된 것만 보아도 사람들이 펠레를 얼마나 사랑하고 존경하는지 알 수 있다.

· 그라운드의 악동, 아르헨티나의 마라도나

펠레와 함께 역대 최고 선수로 꼽히는 마라도나는 실력만큼이나 많은 논란을 일으켰던 아르헨티나의 축구 영웅이다. 펠레가 1970년대를 풍미한 선수라면, 마라도나는 1980년대 축구 팬들을 열광시켰다.

마라도나는 월드컵 데뷔 무대였던 1982년 제12회 스페인 월드컵에서는 이렇다 할만한 활약을 보여 주지 못했고, 아르헨티나도 2라운드에서 탈락하고 말았다.

마라도나의 진면목이 나타난 것은 1986년 제13회 멕시코 대회부터였다. 이 대회에서 마라도나는 8강전에서 만난 잉글랜드와의 경기에서 첫 골을 손으로 넣었다. 이것이 바로 월드컵 역사상 가장 추한 행동 중 하나로 꼽히는 '신의 손' 사건이다.

그러나 마라도나 이후 화려한 드리블로 수비수 6명을 혼자서 제치고 슛을 하여 득점을 올렸다. 이것은 마라도나의 골 중에서 가장 멋진 골로 꼽힌다. 가장 추한 골과 가장 멋진 골이 한 경기에서 연이어 터져 나온 것이다.

준결승과 결승에서도 마라도나의 활약은 계속되었다. 준결승에서 아르헨티나를 상대한 벨기에의 감독은 마라도나를 막으려면 12명의 선수가 필요하다는 말을 남겼을 정도로 마라도나의 실력을 극찬했다. 이 대회에서 아르헨티나는 우승을 차지했고, 마라도나는 MVP로 뽑혔다.

그러나 1994년 미국 월드컵에서는 도핑테스트에서 코카인 양성 반응이 나타나 조별 예선 두 경기만 뛰고는 아르헨티나로 쫓겨나야 했다.

선수 시절, 자신을 과잉 취재하는 기자에게 공기총을 쏘고, 코카인 중독으로 죽음의 문턱까지 가는 위기를 겪기도 했으며, 이탈리아에서 선수로 뛸 때는 탈세 문제로 곤혹을 치르고, 공항에서 난동을 피우기도 하는 등 축구 영웅과 악동 사이를 오고간 마라도나는 그 모든 논란을 뒤로 하고 2008년 아르헨티나 축구 대표팀 감독으로 임명되었다.

· 최고의 감독이자 선수, 독일의 베켄바워

카이저, 즉 '황제'라는 별명을 가진 베켄바워는 선수로서 그리고 감독으로서 월드컵 우승컵을 거머쥔 독일의 축구 영웅이다. 베켄바워는 1966년 월드컵, 1970년 월드컵, 1974년 월드컵에 3회 연속 출전하였다. 1966년 잉글랜드 월드컵에서 서독은 연장전까지 가는 혈투 끝에 개최국 잉글랜드에 2대 4로 패배하며 아쉽게 준우승에 머물렀다. 그러나 수비수이면서도 득점 3위에 오른 베켄바워의 눈부신 활약은 모두의 주목을 받았다.

1970년 멕시코 월드컵에서는 매 경기가 모두 명승부였으나 특히 4강에서 만난 이탈리아와의 경기에서는 쇄골에 부상을 입고도 경기를 계속해 찬사를 받았다. 선수 교체 가능 인원인 2명을 모두 교체한 후였기 때문에 다른 선수와 교체할 수 없어 계속 경기를 뛴 것이다. 그러나 연장까지 가는 접전 끝에 3대 4로 패해 서독은 3위에 머물렀다.

1974년 서독 대회에서는 베켄바워가 팀의 주장을 맡아 우승을 차지했다. 또한 1990년 이탈리아 대회에서는 감독으로 참가하여 다시 한 번 우승컵을 안았다. 선수와 감독으로 월드컵에서 우승한 선수는 베켄바워와 브라질의 마리오 자갈로 두 명뿐이며, 팀의 주장과 감독으로 월드컵에서 우승한 선수는 베켄바워가 유일하다. 특히 베켄바워는 은퇴 후에도 1998년 독일 축구 협회(DFB) 부회장, 2006년 독일 월드컵 조직위원장을 맡는 등 독일 축구계에 큰 공헌을 하고 있다.

이들 외에도 환상적인 드리블, 돌파력, 슈팅으로 펠레가 다시 그라운드에 돌아왔다는 평가를 받은 브라질의 호나우도, 골 넣는 골키퍼로 유명한 파라과이의 칠라베르트, 화려한 개인기로 이탈리아 축구 영웅이 된 바조, 완벽한 플레이로 경기를 지휘하는 최고의 미드필더 프랑스의 지단, 가장 훌륭한 스트라이커 중 한 명으로 꼽히는 네덜란드의 판 바스턴, 아르헨티나, 콜롬비아, 스페인 3개국 대표팀에서 활약한 디 스테파노 등 많은 선수들이 축구 역사의 한 페이지를 장식하고 있다.

와
와
와아
Seoul
Seoul
와
FC서울 파이팅!
승리는 우리 것!
월드 축구클럽
리그 결승전!
정말 함성이
대단합니다.
축구팬들의
함성에
경기장이
들썩거릴
정도네요.
우리 선수들, 브라질
축구 클럽과의 명승부
기대합니다.
와
브라질 선수들의 현란한
개인기를 주목해 주세요.
와

상파울루FC
선제공격합니다.
삐익!
통
체력 조건이 좋은 중앙수비수
김진규를 중심으로 강력한
대인방어를 하고 있습니다.
FC서울의 공격!
투웅
김치우 선수!
역시 빠릅니다.
다다다
두둥
와
상파울루FC는
주로 포백 시스템을
사용하는 팀입니다.
와

초보 축구팬들을 위해서 포백과 스리백이 무엇인지 설명해 주시지요.
쉽게 말하면, 스리백은 세 명의 중앙수비수, 즉 센터백을 3명 두는 전술입니다.
포백은 두 명의 중앙수비수에 사이드백 2명을 포함해서 총 4명에게 수비를 맡기는 전술이고요.
FW
FW
MF
MF
MF
MF
DF
DF
DF
DF
GK
두 가지 전술이 경기 결과에 미치는 영향은 무엇입니까?
수비 형태가 많이 달라지는데요, 포백의 경우 수세에 몰릴 때 센터백 2명에 사이드백 2명, 그리고 수비형 미드필더까지 해서 총 6명이 수비에 가담합니다.

그럼 스리백은요?
중앙수비수 3명에 수비형 미드필더 2명, 윙백 2명, 그러니까 모두 7명이 수비에 가담하지요.
FW
FW
MF
MF
MF
MF
DF
DF
DF
GK
아, 그렇군요.
보통 포백은 지역방어의 형태를 띠고, 스리백은 개인방어 형태를 띠게 됩니다.
스리백과 포백이 공격에는 어떤 영향을 미칩니까?
포백의 경우는 수비를 담당하던 사이드백 2명까지 공격에 가담할 수 있지만, 스리백의 경우 3명의 수비수는 공격에 나서기가 좀 어려울 수 있어요. 스리백이 좀 더 수비에 치중한 전술이라고 생각하시면 됩니다.
설명 고맙습니다.

아빠, FC서울 선수들 좀 소개해 주세요.
저 선수는 중앙공격수야. 골 결정력이 높아 지난해 K리그에서 득점왕을 차지했지. 움직임이 빨라 상대팀 수비진을 아주 바쁘게 만들고.
공격수의 역할은 골을 넣는 거지요?
물론, 가장 중요한 임무는 골을 넣는 거지.
그럼 또 다른 역할도 있어요?
수비진을 끌고 다니면서 다른 선수들에게 득점 기회를 만들어 주는 것도 중앙공격수의 역할이야.

중앙공격수 뒤에
서 있는 저 선수는요?
저 선수는 공격형
미드필더란다.
다다다
저 선수의
역할은 뭐예요?
우리는 보통 골을 넣는 스트라이커에게
관심을 집중하지만, 공격형 미드필더의
움직임을 보면 게임을 더 재미있게
즐길 수 있어.
타앗
와
공격형 미드필더는 경기의 흐름을
잘 읽으면서 어디로 패스해야
할지 판단하여 공격의 실마리를
푸는 역할을 하지.

그럼 저 선수들은요?
저 선수들은 윙이라고 불러. 오른쪽은 라이트윙, 왼쪽은 레프트윙이라고 한단다. 윙은 측면 공격을 담당해. 양쪽 측면을 날카롭게 파고들어 득점 기회를 만들어내지.
와
저 선수들은요?
아빠가 지난번에 포백과 스리백의 차이를 얘기해 주었지?
네!
와
그러고 보니 오늘 FC서울은 포백으로 게임을 운영하고 있네.
아하! 그러니까 가운데 서 있는 두 선수는 중앙수비수이고, 옆의 두 선수는 사이드백이군요.
중앙수비수는 센터백이라고도 하지요, 하하하~

수비수와 공격형 미드필더
사이에 있는 두 선수의
역할은 뭐예요?
와
아하! 수비형 미드필더를
말하는 거구나.
와
퉁
와
상대팀의 공격을 막고 적절하게 패스해
자기 팀에 공격 기회를 만들어 주는
수비형 미드필더의
위치가 바로 저기군요.
오늘 FC 서울은
4-3-3 시스템이구나.

이승렬 선수, 아주 좋은 득점 기회입니다!
정조국 선수에게 패스합니다!
파앗
빠앙
출렁
골인 입니다!
이승렬 선수의 어시스트가 아주 좋았어요.

저것 봤지? 공격형 미드필더는 좋은 위치에 있는 선수들에게 공을 주어 결정적인 득점 기회를 만들지.
그럼 똑똑하고 노련한 선수가 공격형 미드필더 위치에 있어야겠네요.
물론이지. 게다가 체력도 좋아 지치지 않고 경기장 곳곳을 휘젓고 다닐 수 있어야 한단다.
와
와
우리나라 대표팀 경기에서는 박지성 선수가 이 역할을 자주 맡아.
안 그래도 지금 박지성 선수 생각하고 있었어요.
저도요.
너희, 축구 박사 다 되었구나!

상파울루FC는 득점 기회를 노리겠지요?
훨씬 적극적인 자세로 공격에 임할 것입니다.
페드루 선수, 속도를 내기 시작합니다.
주목해야 할 선수입니다. 수비에 강하지만 장거리 슈팅 실력도 우수한 선수입니다.
슈웅
팟
브라질 사이드백이 모두 공격진영에 올라와 있습니다.
예상대로 공격을 강화하지요?

이게 바로 포백
시스템의 장점이지요.
와
네, 포백 시스템에서는
공격을 강화할 때는 사이드백
수비수들이 자유롭게 공격에
가담할 수 있습니다.
와아
와
와

좀 더 붙어!
공을 빼앗아요!
으악! 저러다가 실점하겠어.
장거리 슛!
팡
아, 다행입니다.
타앙
빼엥
투웅
골인이군요.
상파울루FC, 발리슛으로 1점 얻습니다.
1점을 빼앗긴 건 아쉽지만, 정말 멋진 발리슛이었습니다.

적이지만 멋진 골이었어.
1점쯤은 괜찮아!
괜찮아!
괜찮아!
FC서울 선수들 힘내라!
우리도 한 골 더 넣자.
힘내라!
괜찮아, 우리 선수들 잘 하고 있어.
기운 내서 한 골 더 넣자.
힘내라, FC서울!

실점했던 것은 머릿속에서 지우고 새로운 마음으로 게임에 임해야겠지요.
네, 동점이 되었지만, 세계 최강 브라질 축구팀과 대등한 경기를 한다는 건 정말 대단한 일입니다.
김찬수 선수, 공 잡았습니다.
다다다
파앗
터억

반칙을 줍니다.
페널티에어리어 안에서 반칙했으니, 페널티킥이 주어지겠지요?
삑!
절대 놓치면 안 되는 기회입니다.
아주 좋은 기회입니다.
빠엉
투웅
아깝습니다. 페널티킥을 놓치네요. 김찬수 선수도 많이 아쉽겠지요.
김찬수 힘내라!
김찬수 파이팅!

이젠 수비를 해야 합니다.
상파울루FC의 스피드가 아주 좋거든요.
FC서울 반칙이지요?
파앗
어드벤티지 룰을 적용해서 프리킥 없이 바로 경기가 이어집니다.
수비수들이 좀 더 붙어 주면 좋겠어요.
위험한데요.
다행입니다.
최효진 선수, 아주 좋은 수비 보여줬습니다.
터억
역전당하는 줄 알고 얼마나 조마조마 했는 줄 몰라.
나는 심장이 멈추는 줄 알았다니까.

와
와
와아
와
FC서울
FC상파울루
월드축구클럽리그
결승전
FC서울 VS FC상파울루
1 1

이렇게 해서 연장전까지 추가 득점 없이 끝났습니다.
우승팀을 가리기 위해 지금부터 승부차기에 들어갑니다.
삐~삐익!
아무래도 첫 번째 킥은 긴장이 많이 되니까 노련한 선수가 나오면 좋지요.
주장 박용호 선수가 맨 처음 나옵니다.
와
FC 서울
팡
골인입니다!
출렁
첫 번째 골이 중요한데, 멋지게 성공합니다.
타앙
1:1이 됩니다.
슈웅

뻐엉
출렁
팡
파앙
정말 긴장됩니다. 꼭 성공해야 할 텐데요.
승부차기에서는 먼저 차는 팀이 심리적으로 유리할 수 있습니다.
와

제발…
하느님, 부처님, 예수님…
출렁
골인! 이제 브라질 마지막 선수를 주목해 보겠습니다.
와
와
와
FC서울
팡
김용대 선수, 브라질 마테우스 선수의 공을 막아냈습니다!
타앙
FC서울

와
와
이렇게 해서 FC서울이 월드 축구클럽리그에서 우승했습니다.
와
어때? 정말 짜릿하고 멋지지?
와
너무 재미있어서 숨이 막힐 것 같아요.
게임이 재미있냐, 축구가 재미있냐?
상대도 안 돼요. 축구가 최고예요!
왜 저한테는 안 물어보세요? 오늘 축구 때문에 완전 감동했는데요.
와
와

전 세계를 하나로 묶는 스포츠, **축구**

축구와 함께하는 즐거운 인생을 위해

FC SEOUL
FOOTBALL CLUB SEOUL

- **연고지_** 서울
- **창단_** 1983년
- **감독_** 최용수
- **주요성적**

  정규리그 우승 5회(1985년, 1990년, 2000년, 2010년, 2012년)

  FA컵 우승 1회(1998년), 컵대회 우승 2회(2006년, 2010년)
- **프로스포츠 한 경기 최다관중 기록**

  60,747명(2010년 5월 5일 VS성남)
- **홈구장_** 서울월드컵경기장

  연면적 155,674m(지하 1층, 지상 6층)

  주경기장 관람석 : 66,080석, 보조경기장 : 1,000석

FC SEOUL
FOOTBALL CLUB SEOUL

• 엠블렘

FC서울의 엠블렘은 대한민국 축구클럽을 대표하며, 서울시민과 함께 발전하는 FC서울을 상징한다. 8개 산으로 둘러싸인 서울의 지역 특징과, 팔각 방패연 모양인 서울 월드컵 경기장의 외관을 바탕으로 디자인되었다. 중앙에는 국제적 관문도시로 열린 서울의 이미지를 SEOUL 영문서체로 상승감 있게 표현하였고, 상단의 문양은 영원과 정열을 상징하는 태양이 축구공을 물고 있는 전통적인 수호신의 형상으로 구성하여 FC서울의 도전과 영원성을 표현하였다. 하단에 1983년과 2004년을 병기하여 FC서울의 전통성과 새로운 탄생을 설명하였다.

• 마스코트_ 씨드(SSID)

불타는 태양 운석에서 태어난 외계 생명체로 태양의 아들이며 이는 FC서울의 엠블렘에 새겨진 태양수호신의 아들을 뜻한다. 씨드는 FC서울의 강인하고 역동적인 모습을 나타낸 것이다. 씨드는 2004년 4월 3일, FC서울의 개막이 열리는 서울 월드컵 경기장에서 탄생했다. 천재적인 축구 실력과 강인하고 유연한 몸, 지적인 사고를 하는 두뇌, 인간과 축구를 사랑하는 감정을 가지고 있다.

F C 서 울　홈 페 이 지

http://www.fcseoul.com

FC서울 홈페이지는 축구를 사랑하고 FC서울을 사랑하는 많은 사람이 서로의 이야기를 공유하고 즐길거리, 볼거리를 향유하는 공간입니다.

- **MEDIA | NEWS : FC서울에 관한 모든 소식이 가장 먼저 올라오는 곳**

FC서울 홈페이지에는 FC서울 관련 뉴스가 매일 실시간으로 업데이트 됩니다. FC서울 뉴스에서는 경기결과는 물론 이벤트, 선수 관련 소식 등 FC서울에 대한 모든 소식을 가장 먼저 접하실 수 있습니다.

- **MEDIA | TV : 홈경기 생중계, 하이라이드 등 풍부한 콘텐츠**

FC서울 TV는 팬들에게 가장 많은 호응을 얻고 있는 FC서울 홈페이지의 인기 메뉴입니다. 대표 프로그램으로는 FC서울의 홈경기를 생중계하는 '홈경기 실시간 중계', FC서울의 모든 경기를 다시 볼 수 있는 '하이라이트', FC서울과 관련된 다양한 이야기를 다루는 '영상 매거진 뉴스' 등이 있습니다.

- **FC서울 픽스닷컴 : FC서울의 온라인 역사관**

픽스닷컴(WWW.FCSEOULPICS.COM)은 FC서울의 온라인 사진관으로 FC서울에 관한 다양하고 재미있는 사진들을 테마별로 볼 수 있는 공간입니다. 선수들의 경기 장면은 물론 훈련 사진, 서포터 사진, 각종 이벤트 사진까지 FC서울의 모든 사진을 만나실 수 있습니다.